最新法律文件解读丛书

U1003610

刑事 法律文件解读

XINGSHI FALÜ WENJIAN JIEDU

人民法院出版社 编

总第229辑 2024.07

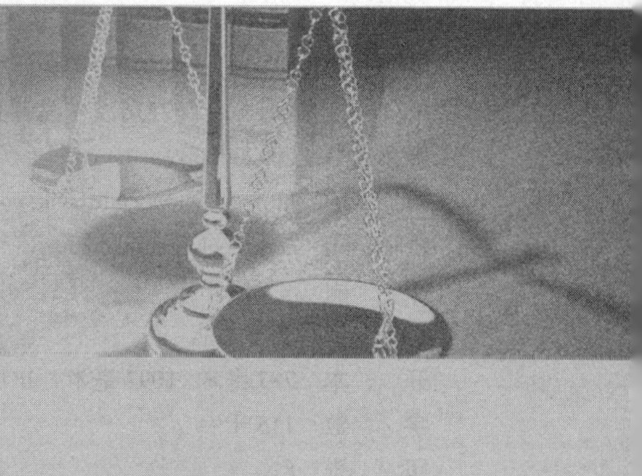

人民法院出版社

图书在版编目（CIP）数据

刑事法律文件解读. 总第229辑 / 人民法院出版社编. 北京 : 人民法院出版社, 2024. 11. -- (最新法律文件解读丛书). -- ISBN 978-7-5109-4278-5

Ⅰ. D924.05; D925.205

中国国家版本馆CIP数据核字第2024BT0376号

刑事法律文件解读·总第 229 辑

人民法院出版社　编

责任编辑　杨晓燕
出版发行　人民法院出版社
地　　址　北京市东城区东交民巷 27 号　邮编　100745
电　　话　（010）67550508（责任编辑）　67550558（发行部查询）
　　　　　　65223677（读者服务部）
客服 QQ　2092078039
网　　址　http：//www.courtbook.com.cn
E - mail　courtbook@sina.com
印　　刷　三河市国英印务有限公司
经　　销　新华书店
开　　本　787 毫米×1092 毫米　1/16
字　　数　115 千字
印　　张　8
版　　次　2024 年 11 月第 1 版　　2024 年 11 月第 1 次印刷
书　　号　ISBN 978-7-5109-4278-5
定　　价　28.00 元

卷首语

2024年7月10日，国务院总理李强签署第786号国务院令，公布修订后的《中华人民共和国保守国家秘密法实施条例》(以下简称《条例》)，自2024年9月1日起施行。《条例》聚焦保密工作面临的新情况、新问题，总结提炼近年来保密工作行之有效的经验做法和成熟制度，为司法办案提供明确指引。本辑收录了《条例》及其答记者问。

在“司法解释、司法指导性文件与解读”栏目，本辑收录了《最高人民检察院关于印发〈关于人民检察院全面准确落实司法责任制的若干意见〉的通知》《最高人民检察院关于印发〈人民检察院司法责任追究条例〉的通知》，并重点登载了《最高人民法院、最高人民检察院、公安部、司法部关于办理醉酒危险驾驶刑事案件的意见》的解读文章，以便办理相关刑事案件的人员在司法实践中正确理解与适用。

在“指导案例、典型案例与解读”栏目，本辑收录了《涉“毒”必严、涉“瘾”必惩、涉“未”必重！最高人民法院发布10件典型案例》《最高人民检察院关于印发惩治涉麻精药品等成瘾性物质滥用犯罪典型案例的通知》，供相关领域审判人员在审理类似案件时借鉴参考。

此外，在“法答网精选答问”栏目，本辑收录了《法答网精选答问（第四批至第六批）（节录）》，“新类型疑难案例选评”栏目刊载了《林某祥使用虚假身份证件案》，方便广大读者研究学习。

最新法律文件解读丛书
编　辑　部

兰丽专　（010）67550626

丁丽娜　（010）67550608

杨晓燕　（010）67550508

杨　洁　（010）67550656

路建华　（010）67550682

丁塞峨　（010）67550656

投稿邮箱：

《刑事法律文件解读》　5184621@ qq. com

《民事法律文件解读》　1216921515@ qq. com

《商事法律文件解读》　shangshijiedu@ 126. com

《行政与执行法律文件解读》　1290312696@ qq. com

目录

行政法规、法规性文件与解读

司法解释、司法指导性文件与解读

指导案例、典型案例与解读

法答网精选答问

新类型疑难案例选评

行政法规、法规性文件与解读

中华人民共和国保守国家秘密法实施条例

（2014 年 1 月 17 日国务院令第 646 号公布
2024 年 7 月 10 日国务院令第 786 号修订）

第一章　总　　则

第一条　根据《中华人民共和国保守国家秘密法》（以下简称保密法）的规定，制定本条例。

第二条　坚持和加强中国共产党对保守国家秘密（以下简称保密）工作的领导。

中央保密工作领导机构领导全国保密工作，负责全国保密工作的顶层设计、统筹协调、整体推进、督促落实。

地方各级保密工作领导机构领导本地区保密工作，按照中央保密工作领导机构统一部署，贯彻落实党和国家保密工作战略及重大政策措施，统筹协调保密重大事项和重要工作，督促保密法律法规严格执行。

第三条　国家保密行政管理部门主管全国的保密工作。县级以上地方各级保密行政管理部门在上级保密行政管理部门指导下，主管本行政区域的保密工作。

第四条 中央国家机关在其职权范围内管理或者指导本系统的保密工作，监督执行保密法律法规，可以根据实际情况制定或者会同有关部门制定主管业务方面的保密规定。

第五条 国家机关和涉及国家秘密的单位（以下简称机关、单位）不得将依法应当公开的事项确定为国家秘密，不得将涉及国家秘密的信息公开。

第六条 机关、单位实行保密工作责任制，承担本机关、本单位保密工作主体责任。机关、单位主要负责人对本机关、本单位的保密工作负总责，分管保密工作的负责人和分管业务工作的负责人在职责范围内对保密工作负领导责任，工作人员对本岗位的保密工作负直接责任。

机关、单位应当加强保密工作力量建设，中央国家机关应当设立保密工作机构，配备专职保密干部，其他机关、单位应当根据保密工作需要设立保密工作机构或者指定人员专门负责保密工作。

机关、单位及其工作人员履行保密工作责任制情况应当纳入年度考评和考核内容。

第七条 县级以上人民政府应当加强保密基础设施建设和关键保密科学技术产品的配备。

省级以上保密行政管理部门应当推动保密科学技术自主创新，促进关键保密科学技术产品的研发工作，鼓励和支持保密科学技术研究和应用。

第八条 保密行政管理部门履行职责所需的经费，应当列入本级预算。机关、单位开展保密工作所需经费应当列入本机关、本单位的年度预算或者年度收支计划。

第九条 保密行政管理部门应当组织开展经常性的保密宣传教育。干部教育培训主管部门应当会同保密行政管理部门履行干部保密教育培训工作职责。干部教育培训机构应当将保密教育纳入教学体系。教育行政部门应当推动保密教育纳入国民教育体系。宣传部门应当指导鼓励大众传播媒介充分发挥作用，普及保密知识，宣传保密法治，推动全社会增强保密意识。

机关、单位应当定期对本机关、本单位工作人员进行保密工作优良传统、保密形势任务、保密法律法规、保密技术防范、保密违法案例警示等方面的教育培训。

第十条 保密行政管理部门应当按照国家有关规定完善激励保障机制，加强专门人才队伍建设、专业培训和装备配备，提升保密工作专业化能力和水平。教育行政部门应当加强保密相关学科专业建设指导和支持。

第十一条 对有下列表现之一的组织和个人，应当按照国家有关规定给予表彰和奖励：

（一）在危急情况下保护国家秘密安全的；

（二）在重大涉密活动中，为维护国家秘密安全做出突出贡献的；

（三）在保密科学技术研发中取得重大成果或者显著成绩的；

（四）及时检举泄露或者非法获取、持有国家秘密行为的；

（五）发现他人泄露或者可能泄露国家秘密，立即采取补救措施，避免或者减轻危害后果的；

（六）在保密管理等涉密岗位工作，忠于职守，严守国家秘密，表现突出的；

（七）其他在保守、保护国家秘密工作中做出突出贡献的。

第二章 国家秘密的范围和密级

第十二条 国家秘密及其密级的具体范围（以下称保密事项范围）

应当明确规定国家秘密具体事项的名称、密级、保密期限、知悉范围和产生层级。

保密事项范围应当根据情况变化及时调整。制定、修订保密事项范围应当充分论证，听取有关机关、单位和相关行业、领域专家的意见。

第十三条 有定密权限的机关、单位应当依据本行业、本领域以及相关行业、领域保密事项范围，制定国家秘密事项一览表，并报同级保密行政管理部门备案。国家秘密事项一览表应当根据保密事项范围及时修订。

第十四条 机关、单位主要负责人为本机关、本单位法定定密责任人，根据工作需要，可以明确本机关、本单位其他负责人、内设机构负责人或者其他人员为指定定密责任人。

定密责任人、承办人应当接受定密培训，熟悉定密职责和保密事项范围，掌握定密程序和方法。

第十五条 定密责任人在职责范围内承担国家秘密确定、变更和解除工作，指导、监督职责范围内的定密工作。具体职责是：

（一）审核批准承办人拟定的国家秘密的密级、保密期限和知悉范围；

（二）对本机关、本单位确定的尚在保密期限内的国家秘密进行审核，作出是否变更或者解除的决定；

（三）参与制定修订本机关、本单位国家秘密事项一览表；

（四）对是否属于国家秘密和属于何种密级不明确的事项先行拟定密级、保密期限和知悉范围，并按照规定的程序报保密行政管理部门确定。

第十六条 中央国家机关、省级机关以及设区的市级机关可以根据保密工作需要或者有关机关、单位申请，在国家保密行政管理部门规定的定密权限、授权范围内作出定密授权。

无法按照前款规定授权的，省级以上保密行政管理部门可以根据保密工作需要或者有关机关、单位申请，作出定密授权。

定密授权应当以书面形式作出。授权机关应当对被授权机关、单位履行定密授权的情况进行监督。被授权机关、单位不得再授权。

中央国家机关、省级机关和省、自治区、直辖市保密行政管理部门作出的定密授权，报国家保密行政管理部门备案；设区的市级机关作出的定密授权，报省、自治区、直辖市保密行政管理部门备案。

第十七条 机关、单位应当在国家秘密产生的同时，由承办人依据有关保密事项范围拟定密级、保密期限和知悉范围，报定密责任人审核批准，并采取相应保密措施。

机关、单位对应当定密但本机关、本单位没有定密权限的事项，先行采取保密措施，并依照法定程序，报上级机关、单位确定；没有上级机关、单位的，报有定密权限的业务主管部门或者保密行政管理部门确定。

机关、单位确定国家秘密，能够明确密点的，按照国家保密规定确定并标注。

第十八条 机关、单位执行上级确定的国家秘密事项或者办理其他机关、单位确定的国家秘密事项，有下列情形之一的，应当根据所执行、办理的国家秘密事项的密级、保密期限和知悉范围派生定密：

（一）与已确定的国家秘密事项完全一致的；

（二）涉及已确定的国家秘密事项密点的；

（三）对已确定的国家秘密事项进行概括总结、编辑整合、具体细化的；

（四）原定密机关、单位对使用已确定的国家秘密事项有明确定密要求的。

第十九条 机关、单位对所产生的国家秘密，应当按照保密事项范围的规定确定具体的保密期限或者解密时间；不能确定的，应当确定解密条件。

国家秘密的保密期限，自标明的制发日起计算；不能标明制发日的，确定该国家秘密的机关、单位应当书面通知知悉范围内的机关、单位和人员，保密期限自通知之日起计算。

第二十条 机关、单位应当依法限定国家秘密的知悉范围，对知悉机密级以上国家秘密的人员，应当作出记录。

第二十一条 国家秘密载体以及属于国家秘密的设备、产品（以下简称密品）的明显部位应当作出国家秘密标志。国家秘密标志应当标注密级、保密期限。国家秘密的密级或者保密期限发生变更的，应当及时对原国家秘密标志作出变更。

无法作出国家秘密标志的，确定该国家秘密的机关、单位应当书面通知知悉范围内的机关、单位和人员。

第二十二条 机关、单位对所确定的国家秘密，认为符合保密法有关解除或者变更规定的，应当及时解除或者变更。

机关、单位对不属于本机关、本单位确定的国家秘密，认为符合保密法有关解除或者变更规定的，可以向原定密机关、单位或者其上级机关、单位提出建议。

已经依法移交各级国家档案馆的属于国家秘密的档案，由原定密机关、单位按照国家有关规定进行解密审核。

第二十三条 机关、单位被撤销或者合并、分立的，该机关、单位所确定国家秘密的变更和解除，由承担其职能的机关、单位负责；没有相应机关、单位的，由其上级机关、单位或者同级保密行政管理部门指定的机关、单位负责。

第二十四条 机关、单位发现本机关、本单位国家秘密的确定、变更和解除不当的，应当及时纠正；上级机关、单位发现下级机关、单位国家秘密的确定、变更和解除不当的，应当及时通知其纠正，也可以直接纠正。

第二十五条 机关、单位对符合保密法的规定，但保密事项范围没有规定的不明确事项，应当先行拟定密级、保密期限和知悉范围，采取相应的保密措施，并自拟定之日起10个工作日内报有关部门确定。拟定为绝密级的事项和中央国家机关拟定的机密级、秘密级的事项，报国家保密行政管理部门确定；其他机关、单位拟定的机密级、秘密级的事项，报省、自治区、直辖市保密行政管理部门确定。

保密行政管理部门接到报告后，应当在10个工作日内作出决定。省、自治区、直辖市保密行政管理部门还应当将所作决定及时报国家保密行政管理部门备案。

第二十六条 机关、单位对已确定的国家秘密事项是否属于国家秘密或者属于何种密级有不同意见的，可以向原定密机关、单位提出异议，由原定密机关、单位作出决定。

机关、单位对原定密机关、单位未予处理或者对作出的决定仍有异议的，按照下列规定办理：

（一）确定为绝密级的事项和中央国家机关确定的机密级、秘密级的事项，报国家保密行政管理部门确定；

（二）其他机关、单位确定的机密级、秘密级的事项，报省、自治区、直辖市保密行政管理部门确定；对省、自治区、直辖市保密行政管理部门作出的决定有异议的，可以报国家保密行政管理部门确定。

在原定密机关、单位或者保密行政管理部门作出决定前，对有关事项应当按照主张密级中的最高密级采取相应的保密措施。

第三章 保密制度

第二十七条 国家秘密载体管理应当遵守下列规定：

（一）制作国家秘密载体，应当由本机关、本单位或者取得国家秘密载体制作、复制资质的单位承担，制作场所、设备应当符合国家保密规定；

（二）收发国家秘密载体，应当履行清点、编号、登记、签收手续；

（三）传递国家秘密载体，应当通过机要交通、机要通信或者其他符合国家保密规定的方式进行；

（四）阅读、使用国家秘密载体，应当在符合国家保密规定的场所进行；

（五）复制国家秘密载体或者摘录、引用、汇编属于国家秘密的内容，应当按照规定报批，不得擅自改变原件的密级、保密期限和知悉范围，复制件应当加盖复制机关、单位戳记，并视同原件进行管理；

（六）保存国家秘密载体的场所、设施、设备，应当符合国家保密规定；

（七）维修国家秘密载体，应当由本机关、本单位专门技术人员负责。确需外单位人员维修的，应当由本机关、本单位的人员现场监督。确需在本机关、本单位以外维修的，应当符合国家保密规定；

（八）携带国家秘密载体外出，应当符合国家保密规定，并采取可靠的保密措施。携带国家秘密载体出境，应当按照国家保密规定办理审批手续；

（九）清退国家秘密载体，应当按照制发机关、单位要求办理。

第二十八条 销毁国家秘密载体，应当符合国家保密规定和标准，确保销毁的国家秘密信息无法还原。

销毁国家秘密载体，应当履行清点、登记、审批手续，并送交保密行政管理部门设立的工作机构或者指定的单位销毁。机关、单位因工作需要，自行销毁少量国家秘密载体的，应当使用符合国家保密标准的销毁设备和方法。

第二十九条 绝密级国家秘密载体管理还应当遵守下列规定：

（一）收发绝密级国家秘密载体，应当指定专人负责；

（二）传递、携带绝密级国家秘密载体，应当两人以上同行，所用包装应当符合国家保密规定；

（三）阅读、使用绝密级国家秘密载体，应当在符合国家保密规定的指定场所进行；

（四）禁止复制、下载、汇编、摘抄绝密级文件信息资料，确有工作需要的，应当征得原定密机关、单位或者其上级机关同意；

（五）禁止将绝密级国家秘密载体携带出境，国家另有规定的从其规定。

第三十条 机关、单位应当依法对密品的研制、生产、试验、运输、使用、保存、维修、销毁等进行管理。

机关、单位应当及时确定密品的密级和保密期限，严格控制密品的接触范围，对放置密品的场所、部位采取安全保密防范措施。

绝密级密品的研制、生产、维修应当在符合国家保密规定的封闭场所进行，并设置专门放置、保存场所。

密品的零件、部件、组件等物品，涉及国家秘密的，按照国家保密规定管理。

第三十一条 机关、单位应当依法确定保密要害部门、部位，报同级保密行政管理部门确认，严格保密管理。

第三十二条 涉密信息系统按照涉密程度分为绝密级、机密级、秘密级。机关、单位应当根据涉密信息系统存储、处理信息的最高密级确定保护等级，按照分级保护要求采取相应的安全保密防护措施。

第三十三条 涉密信息系统应当由国家保密行政管理部门设立或者授权的机构进行检测评估，并经设区的市级以上保密行政管理部门审查合格，方可投入使用。

公安机关、国家安全机关的涉密信息系统测评审查工作按照国家保密行政管理部门会同国务院公安、国家安全部门制定的有关规定执行。

第三十四条 机关、单位应当加强信息系统、信息设备的运行维护、使用管理，指定专门机构或者人员负责运行维护、安全保密管理和安全审计，按照国家保密规定建设保密自监管设施，定期开展安全保密检查和风险评估，配合保密行政管理部门排查预警事件，及时发现并处置安全保密风险隐患。

第三十五条 机关、单位应当按照国家保密规定，对绝密级信息系统每年至少开展一次安全保密风险评估，对机密级及以下信息系统每两年至少开展一次安全保密风险评估。机关、单位涉密信息系统的密级、使用范围和使用环境等发生变化可能产生新的安全保密风险隐患的，应当按照国家保密规定和标准采取相应防护措施，并开展安全保密风险评估。

涉密信息系统中使用的信息设备应当安全可靠，以无线方式接入涉密信息系统的，应当符合国家保密和密码管理规定、标准。

涉密信息系统不再使用的，应当按照国家保密规定和标准对相关保密设施、设备进行处理，并及时向相关保密行政管理部门备案。

第三十六条 研制、生产、采购、配备用于保护国家秘密的安全保密产品和保密技术装备应当符合国家保密规定和标准。

国家鼓励研制生产单位根据保密工作需要，采用新技术、新方法、新工艺等创新安全保密产品和保密技术装备。

第三十七条 研制生产单位应当为用于保护国家秘密的安全保密产品和保密技术装备持续提供维修维护服务，建立漏洞、缺陷发现和处理机制，不得在安全保密产品和保密技术装备中设置恶意程序。

研制生产单位可以向国家保密行政管理部门设立或者授权的机构申

请对安全保密产品和保密技术装备进行检测，检测合格的，上述机构颁发合格证书。研制生产单位生产的安全保密产品和保密技术装备应当与送检样品一致。

第三十八条 国家保密行政管理部门组织其设立或者授权的机构开展用于保护国家秘密的安全保密产品和保密技术装备抽检、复检，发现不符合国家保密规定和标准的，应当责令整改；存在重大缺陷或者重大泄密隐患的，应当责令采取停止销售、召回产品等补救措施，相关单位应当配合。

第三十九条 网络运营者应当遵守保密法律法规和国家有关规定，建立保密违法行为投诉、举报、发现、处置制度，完善受理和处理工作机制，制定泄密应急预案。发生泄密事件时，网络运营者应当立即启动应急预案，采取补救措施，并向保密行政管理部门或者公安机关、国家安全机关报告。

第四十条 网络运营者对保密行政管理部门依法实施的保密违法案件调查和预警事件排查，应当予以配合。

省级以上保密行政管理部门在履行保密监督管理职责中，发现网络存在较大泄密隐患或者发生泄密事件的，可以按照规定权限和程序对该网络运营者的法定代表人或者主要负责人进行约谈，督促其及时整改，消除隐患。

第四十一条 机关、单位应当加强对互联网使用的保密管理。机关、单位工作人员使用智能终端产品等应当符合国家保密规定，不得违反有关规定使用非涉密信息系统、信息设备存储、处理、传输国家秘密。

第四十二条 机关、单位应当健全信息公开保密审查工作机制，明确审查机构，规范审查程序，按照先审查、后公开的原则，对拟公开的信息逐项进行保密审查。

第四十三条 机关、单位应当承担涉密数据安全保护责任，涉密数据收集、存储、使用、加工、传输、提供等处理活动应当符合国家保密规定。

省级以上保密行政管理部门应当会同有关部门建立动态监测、综合评估等安全保密防控机制，指导机关、单位落实安全保密防控措施，防范数据汇聚、关联引发的泄密风险。

机关、单位应当对汇聚、关联后属于国家秘密事项的数据依法加强安全管理，落实安全保密防控措施。

第四十四条 机关、单位向境外或者向境外在中国境内设立的组织、机构提供国家秘密，任用、聘用的境外人员因工作需要知悉国家秘密的，应当按照国家保密规定办理，进行审查评估，签订保密协议，督促落实保密管理要求。

第四十五条 举办会议或者其他活动涉及国家秘密的，主办单位应当采取下列保密措施，承办、参加单位和人员应当配合：

（一）根据会议、活动的内容确定密级，制定保密方案，限定参加人员和工作人员范围；

（二）使用符合国家保密规定和标准的场所、设施、设备，采取必要保密技术防护等措施；

（三）按照国家保密规定管理国家秘密载体；

（四）对参加人员和工作人员进行身份核实和保密教育，提出具体保密要求；

（五）保密法律法规和国家保密规定要求的其他措施。

通过电视、电话、网络等方式举办会议或者其他活动涉及国家秘密的，还应当符合国家有关保密标准。

第四十六条 保密行政管理部门及其他主管部门应当加强对涉密军事设施及其他重要涉密单位周边区域保密管理工作的指导和监督，建立协调机制，加强军地协作，组织督促整改，有关机关、单位应当配合，及时发现并消除安全保密风险隐患。

第四十七条 从事涉及国家秘密业务（以下简称涉密业务）的企业事业单位应当符合下列条件：

（一）在中华人民共和国境内依法成立1年以上的法人，国家另有规定的从其规定；

（二）无犯罪记录，近1年内未发生泄密案件；

（三）从事涉密业务的人员具有中华人民共和国国籍，国家另有规定的从其规定；

（四）保密制度完善，有专门的机构或者人员负责保密工作；

（五）用于涉密业务的场所、设施、设备符合国家保密规定和标准；

（六）具有从事涉密业务的专业能力；

（七）保密法律法规和国家保密规定要求的其他条件。

第四十八条 从事国家秘密载体制作、复制、维修、销毁，涉密信息系统集成，武器装备科研生产，或者涉密军事设施建设等涉密业务的企业事业单位，应当由保密行政管理部门单独或者会同有关部门进行保密审查，取得保密资质。

取得保密资质的企业事业单位，不得有下列行为：

（一）超出保密资质业务种类范围承担其他需要取得保密资质的业务；

（二）变造、出卖、出租、出借保密资质证书；

（三）将涉密业务转包给其他单位或者分包给无相应保密资质的单位；

（四）其他违反保密法律法规和国家保密规定的行为。

取得保密资质的企业事业单位实行年度自检制度，应当每年向作出准予行政许可决定的保密行政管理部门报送上一年度自检报告。

第四十九条 机关、单位采购涉及国家秘密的工程、货物、服务，或者委托企业事业单位从事涉密业务，应当根据国家保密规定确定密级，并符合国家保密规定和标准。机关、单位应当与有关单位、个人签订保密协议，提出保密要求，采取保密措施，实施全过程管理。

机关、单位采购或者委托企业事业单位从事本条例第四十八条第一款规定的涉密业务的，应当核验承担单位的保密资质。采购或者委托企业事业单位从事其他涉密业务的，应当核查参与单位的业务能力和保密管理能力。

政府采购监督管理部门、保密行政管理部门应当依法加强对涉及国家秘密的工程、货物、服务采购或者其他委托开展涉密业务的监督管理。

第五十条 机关、单位应当依法确定涉密岗位，对拟任用、聘用到涉密岗位工作的人员进行上岗前保密审查，确认其是否具备在涉密岗位工作的条件和能力。未通过保密审查的，不得任用、聘用到涉密岗位工作。

机关、单位组织人事部门负责组织实施保密审查时，拟任用、聘用到涉密岗位工作的人员应当如实提供有关情况；需要其原工作、学习单位以及居住地有关部门和人员配合的，相关单位、部门和人员应当配合。必要时，公安机关、国家安全机关依申请协助审查。

机关、单位组织人事部门应当定期组织复审，确保涉密人员符合涉密岗位工作要求。

第五十一条 涉密人员应当遵守保密法律法规和本机关、本单位保密制度，严格遵守保密纪律、履行保密承诺，接受保密管理，不得以任何方式泄露国家秘密。

第五十二条 机关、单位组织人事部门会同保密工作机构负责涉密人员保密管理工作。机关、单位保密工作机构应当对涉密人员履行保密责任情况开展经常性的监督检查，会同组织人事部门加强保密教育培训。

涉密人员出境，由机关、单位组织人事部门和保密工作机构提出意见，按照人事、外事审批权限审批。涉密人员出境应当经过保密教育培训，及时报告在境外相关情况。

第五十三条 涉密人员离岗离职应当遵守有关法律法规规定；离岗离职前，应当接受保密提醒谈话，签订离岗离职保密承诺书。机关、单位应当开展保密教育提醒，清退国家秘密载体、涉密设备，取消涉密信息系统访问权限，确定脱密期期限。涉密人员在脱密期内就业、出境应当遵守国家保密规定。涉密人员不得利用知悉的国家秘密为有关组织、个人提供服务或者谋取利益。

第五十四条 涉密人员擅自离职或者脱密期内严重违反国家保密规定的，机关、单位应当及时报告同级保密行政管理部门，由保密行政管理部门会同有关部门依法采取处置措施。

第五十五条 机关、单位应当建立健全涉密人员权益保障制度，按照国家有关规定给予因履行保密义务导致合法权益受到影响和限制的人员相应待遇或者补偿。

第四章 监督管理

第五十六条 机关、单位应当向同级保密行政管理部门报送本机关、本单位年度保密工作情况。下级保密行政管理部门应当向上级保密行政管理部门报送本行政区域年度保密工作情况。

第五十七条 国家建立和完善保密标准体系。国家保密行政管理部门依照法律、行政法规的规定制定国家保密标准；相关学会、协会等社会团体可以制定团体标准；相关企业可以制定企业标准。

第五十八条 机关、单位应当对遵守保密法律法规和相关制度情况开展自查自评。保密行政管理部门依法对下列情况进行检查：

（一）保密工作责任制落实情况；

（二）保密制度建设情况；

（三）保密宣传教育培训情况；

（四）涉密人员保密管理情况；

（五）国家秘密确定、变更、解除情况；

（六）国家秘密载体管理情况；

（七）信息系统和信息设备保密管理情况；

（八）互联网使用保密管理情况；

（九）涉密场所及保密要害部门、部位管理情况；

（十）采购涉及国家秘密的工程、货物、服务，或者委托企业事业单位从事涉密业务管理情况；

（十一）涉及国家秘密会议、活动管理情况；

（十二）信息公开保密审查情况；

（十三）其他遵守保密法律法规和相关制度的情况。

第五十九条 保密行政管理部门依法开展保密检查和案件调查处理，查阅有关材料、询问人员、记录情况，对有关设施、设备、文件资料等登记保存，进行保密技术检测，应当遵守国家有关规定和程序。

有关机关、单位和个人应当配合保密行政管理部门依法履行职责，如实反映情况，提供必要资料，不得弄虚作假，隐匿、销毁证据，或者以其他方式逃避、妨碍保密监督管理。

保密行政管理部门实施保密检查后，应当出具检查意见，对需要整改的，应当明确整改内容和期限，并在一定范围内通报检查结果。

第六十条 保密行政管理部门对涉嫌保密违法的线索和案件，应当依法及时调查处理或者组织、督促有关机关、单位调查处理；发现需要采取补救措施的，应当立即责令有关机关、单位和人员停止违法行为，采取有效补救措施。调查工作结束后，有违反保密法律法规的事实，需要追究责任的，保密行政管理部门应当依法作出行政处罚决定或者提出处理建议；涉嫌犯罪的，应当依法移送监察机关、司法机关处理。有关机关、单位应当及时将处理结果书面告知同级保密行政管理部门。

第六十一条 机关、单位发现国家秘密已经泄露或者可能泄露的，应当立即采取补救措施，并在24小时内向同级保密行政管理部门和上级主管部门报告。

地方各级保密行政管理部门接到泄密报告的，应当在24小时内逐级报至国家保密行政管理部门。

保密行政管理部门依法受理公民对涉嫌保密违法线索的举报，并保护举报人的合法权益。

第六十二条 保密行政管理部门收缴非法获取、持有的国家秘密载体，应当进行登记并出具清单，查清密级、数量、来源、扩散范围等，并采取相应的保密措施。

保密行政管理部门可以提请公安、市场监督管理等有关部门协助收缴非法获取、持有的国家秘密载体，有关部门应当予以配合。

第六十三条 办理涉嫌泄密案件的地方各级监察机关、司法机关申请国家秘密和情报鉴定的，向所在省、自治区、直辖市保密行政管理部门提出；办理涉嫌泄密案件的中央一级监察机关、司法机关申请国家秘密和情报鉴定的，向国家保密行政管理部门提出。

国家秘密和情报鉴定应当根据保密法律法规和保密事项范围等进行。保密行政管理部门受理鉴定申请后，应当自受理之日起30日内出具鉴定结论；不能按期出具的，经保密行政管理部门负责人批准，可以延长30日。专家咨询等时间不计入鉴定办理期限。

第六十四条 设区的市级以上保密行政管理部门应当建立监测预警制度，分析研判保密工作有关情况，配备监测预警设施和相应工作力量，发现、识别、处置安全保密风险隐患，及时发出预警通报。

第六十五条 保密行政管理部门和其他相关部门应当在保密工作中加强协调配合，及时通报情况。

第六十六条 保密行政管理部门及其工作人员应当按照法定的职权和程序开展工作，做到严格规范公正文明执法，依法接受监督。

第五章 法律责任

第六十七条 机关、单位违反保密法律法规发生泄密案件，有下列情形之一的，根据情节轻重，对直接负责的主管人员和其他直接责任人员依法给予处分；构成犯罪的，依法追究刑事责任：

（一）未落实保密工作责任制的；

（二）未依法确定、变更或者解除国家秘密的；

（三）未按照要求对涉密场所以及保密要害部门、部位进行防护或者管理的；

（四）涉密信息系统未按照规定进行测评审查而投入使用，经责令整改仍不改正的；

（五）未经保密审查或者保密审查不严，公开国家秘密的；

（六）委托不具备从事涉密业务条件的单位从事涉密业务的；

（七）违反涉密人员保密管理规定的；

（八）发生泄密案件未按照规定报告或者未及时采取补救措施的；

（九）未依法履行涉密数据安全管理责任的；

（十）其他违反保密法律法规的情形。

有前款情形尚不构成犯罪，且不适用处分的人员，由保密行政管理部门督促其主管部门予以处理。

第六十八条 在保密检查或者保密违法案件调查处理中，有关机关、单位及其工作人员拒不配合，弄虚作假，隐匿、销毁证据，或者以其他方式逃避、妨碍保密检查或者保密违法案件调查处理的，对直接负责的主管人员和其他直接责任人员依法给予处分；不适用处分的人员，由保密行政管理部门督促其主管部门予以处理。

企业事业单位及其工作人员协助机关、单位逃避、妨碍保密检查或者保密违法案件调查处理的，由有关主管部门依法予以处罚。

第六十九条 网络运营者违反保密法律法规，有下列情形之一的，由保密行政管理等部门按照各自职责分工责令限期整改，给予警告或者通报批评；情节严重的，处5万元以上50万元以下罚款，对直接负责的主管人员和其他直接责任人员处1万元以上10万元以下罚款：

（一）发生泄密事件，未依法采取补救措施的；

（二）未依法配合保密行政管理部门实施保密违法案件调查、预警事件排查的。

第七十条 用于保护国家秘密的安全保密产品和保密技术装备不符合国家保密规定和标准，有下列情形之一的，由保密行政管理等部门对研制生产单位给予警告或者通报批评，责令有关检测机构取消合格证书；有违法所得的，没收违法所得：

（一）研制生产单位拒不整改或者整改后仍不符合国家保密规定和标准的；

（二）安全保密产品和保密技术装备存在重大缺陷或者重大泄密隐患的；

（三）造成国家秘密泄露的；

（四）其他严重危害国家秘密安全的。

第七十一条 从事涉密业务的企业事业单位违反保密法律法规及国

家保密规定的，由保密行政管理部门责令限期整改，给予警告或者通报批评；有违法所得的，没收违法所得。

取得保密资质的企业事业单位，有下列情形之一的，并处暂停涉密业务、降低资质等级：

（一）超出保密资质业务种类范围承担其他需要取得保密资质业务的；

（二）未按照保密行政管理部门要求时限完成整改或者整改后仍不符合保密法律法规及国家保密规定的；

（三）其他违反保密法律法规及国家保密规定，存在重大泄密隐患的。

取得保密资质的企业事业单位，有下列情形之一的，并处吊销保密资质：

（一）变造、出卖、出租、出借保密资质证书的；

（二）将涉密业务转包给其他单位或者分包给无相应保密资质单位的；

（三）发现国家秘密已经泄露或者可能泄露，未立即采取补救措施或者未按照规定时限报告的；

（四）拒绝、逃避、妨碍保密检查的；

（五）暂停涉密业务期间承接新的涉密业务的；

（六）暂停涉密业务期满仍不符合保密法律法规及国家保密规定的；

（七）发生重大泄密案件的；

（八）其他严重违反保密法律法规及国家保密规定行为的。

第七十二条 保密行政管理部门未依法履行职责，或者滥用职权、玩忽职守、徇私舞弊的，对直接负责的主管人员和其他直接责任人员依法给予处分；构成犯罪的，依法追究刑事责任。

第六章　附　　则

第七十三条　中央国家机关应当结合工作实际制定本行业、本领域工作秘密事项具体范围，报国家保密行政管理部门备案。

机关、单位应当加强本机关、本单位工作秘密管理，采取技术防护、自监管等保护措施。违反有关规定造成工作秘密泄露，情节严重的，对直接负责的主管人员和其他直接责任人员依法给予处分。

第七十四条　本条例自2024年9月1日起施行。

司法部、国家保密局负责人就《中华人民共和国保守国家秘密法实施条例》修订答记者问

2024年7月10日，国务院总理李强签署第786号国务院令，公布修订后的《中华人民共和国保守国家秘密法实施条例》（以下简称《条例》），自2024年9月1日起施行。日前，司法部、国家保密局负责人就《条例》有关问题回答了记者提问。

问：请简要介绍一下《条例》修订背景情况。

答：党中央、国务院历来高度重视保密工作。国务院于2014年1月17日公布、自2014年3月1日起施行的《条例》，在推进保密依法

管理、保守国家秘密、维护国家安全和利益等方面发挥了重要作用。近年来，国际国内形势发生深刻变化，保密工作面临着新形势、新任务，为适应需要，新修订的《中华人民共和国保守国家秘密法》（以下简称保密法）进一步健全了保密管理体制机制，完善了保密管理制度。为深入贯彻党中央关于保密工作的决策部署，进一步细化保密法有关制度规定，明确保密法具体实施举措，需要对《条例》作出修订。

国家保密局在深入调研论证、广泛听取意见的基础上，结合保密法修订工作，向国务院报送了《条例（修订草案送审稿）》。收到送审稿后，司法部广泛征求了有关中央单位、地方人民政府、协会、企事业单位和专家学者意见，并向社会公开征求意见，会同国家保密局认真研究，修改形成了《条例（修订草案）》。2024年6月26日，国务院常务会议审议通过了《条例（修订草案）》。2024年7月10日，李强总理签署国务院令，正式公布修订后的《条例》。

问：修订《条例》的总体思路是什么？

答：修订《条例》坚持以习近平新时代中国特色社会主义思想为指导，深入贯彻落实习近平法治思想和习近平总书记关于保密工作重要指示批示精神，遵循以下总体思路：一是细化党管保密原则，健全党管保密体制机制，确保保密工作正确政治方向。二是在保密法制度框架下，细化、完善相关制度，确保新修订的保密法有效实施。三是聚焦保密工作面临的新情况、新问题，总结提炼近年来保密工作行之有效的经验做法和成熟制度。

问：《条例》在坚持和加强党对保密工作的领导方面作了哪些细化？

答：党对保密工作的统一领导，是保密工作的本质特征，是保密工作长期实践和历史经验的总结。此次《条例》修订增加了党管保密专门条款，进一步强调坚持和加强中国共产党对保密工作的领导，健全党管保密体制机制，明确了中央保密工作领导机构、地方各级保密工作领导机构的具体职责，为贯彻落实党和国家保密工作战略及重大政策措施，更好发挥党管保密的政治优势、组织优势提供了制度保障。

问：《条例》在定密管理方面作了哪些细化？

答：为进一步提升定密工作的精准性、科学性，《条例》对定密管理制度作了进一步细化和完善：一是明确国家秘密事项一览表制定修订要求。国家秘密事项一览表以明确、直观的方式列明国家秘密事项、密级、保密期限、知悉范围和定密依据。《条例》明确，有定密权限的机关、单位应当依据本行业、本领域以及相关行业、领域保密事项范围，制定国家秘密事项一览表，从源头上保障定密工作的精准性、科学性。二是进一步细化定密责任人范围和具体职责。《条例》明确，机关、单位主要负责人是本机关、本单位的法定定密责任人，根据工作需要，可以明确一定范围的人员为指定定密责任人。同时，进一步完善了定密责任人的具体职责。三是明确应当派生定密的具体情形。派生定密是一种重要的定密方式，《条例》列举了应当派生定密的具体情形，为机关、单位派生定密提供更加科学、细致的指引，有利于规范派生定密行为，有效避免派生定密过多、过泛的问题。

问：《条例》在加强保密科学技术创新和防护等方面作了哪些规定？

答：近年来，随着信息科技的普及应用，国家秘密形态日益数字化、网络化，面临的泄密、窃密风险也更加多样化、隐蔽化，窃密与反窃密斗争逐步体现为科学技术能力的竞争与对抗。《条例》就加强保密科学技术创新和防护作了以下规定：一是重视保密科学技术创新。鼓励和支持保密科学技术研究和应用，对在保密科学技术研发中取得重大成果或者显著成绩的组织和个人给予表彰和奖励。二是注重信息设备、信息系统保密管理。明确机关、单位应当加强信息系统、信息设备的运行维护、使用管理，定期开展涉密信息系统风险评估，确保涉密信息系统中使用的信息设备安全可靠。三是细化安全保密产品和保密技术装备管理要求。明确研制生产单位义务，鼓励采用新技术、新方法、新工艺等进行创新；抽检、复检中发现的不符合国家保密规定和标准的，明确了相应处置措施，有效促进安全保密产品和保密技术装备质量持续提升。

问：《条例》在网络信息和数据保密管理方面作了哪些细化？

答： 随着信息化、数字化的飞速发展和广泛应用，国家秘密管理难度不断加大，网络信息和数据保密管理的重要性越发凸显。《条例》进一步规范了网络信息和数据保密管理：一是加强网络使用保密管理，规定机关、单位工作人员不得违反有关规定使用非涉密信息系统、信息设备存储、处理、传输国家秘密，使用智能终端产品等应当符合国家保密规定。二是明确网络运营者对依法实施的保密违法案件调查和预警事件排查的配合义务。三是完善数据保密管理制度，压实机关、单位涉密数据安全保护主体责任，明确涉密数据全流程管理要求，有效防范大数据条件下泄密风险，切实筑牢保密防线。

问：《条例》在涉密人员管理方面作了哪些细化？

答： 涉密人员管理是保密管理的重要内容和关键所在。《条例》总结多年来涉密人员管理实践经验，进一步细化了涉密人员管理要求：一是建立涉密人员“全周期”管理制度，对涉密人员上岗前的保密审查及定期复审，在岗期间的保密管理及保密教育培训、离岗离职程序及要求，脱密期间的管理等均作出细化规定。二是细化涉密人员权益保护规定，要求机关、单位建立健全涉密人员权益保障制度，按照国家有关规定给予因履行保密义务导致合法权益受到影响和限制的人员相应待遇或者补偿。

问：《条例》施行后，将重点做好哪些工作？

答： 国家保密局将和有关部门共同做好《条例》贯彻落实工作。

一是广泛组织学习宣传。组织各级保密行政管理部门、保密工作机构及保密干部结合保密法相关规定，深入学习《条例》。同时，针对党政领导干部、涉密人员和社会公众等不同群体，采取多种形式做好保密法及《条例》的学习、宣传和培训工作。二是认真落实《条例》规定。各级保密行政管理部门全面贯彻保密法及《条例》，履行法律赋予的行政管理职能，提升保密依法行政能力。同时，指导、推动机关、单位落实《条例》各项制度，切实筑牢国家秘密安全防线。三是抓紧完善配套制度。国家保密局将加快保密规章制度的立改废释工作，进一步增强保密法律制度体系的系统性、整体性、协同性。

（来源：司法部网站）

司法解释、司法指导性文件与解读

最高人民检察院

关于印发《关于人民检察院全面准确落实司法责任制的若干意见》的通知

2024 年 7 月 4 日　　　　高检发〔2024〕5 号

各省、自治区、直辖市人民检察院，解放军军事检察院，新疆生产建设兵团人民检察院：

《关于人民检察院全面准确落实司法责任制的若干意见》已经中央全面深化改革委员会审议通过，现印发给你们。请结合实际，认真贯彻落实。在实施过程中遇到的重要情况和问题，请及时报告。

关于人民检察院全面准确落实司法责任制的若干意见

为深化司法体制综合配套改革，全面准确落实司法责任制，推动检察权公正、规范、高效、廉洁运行，根据有关法律法规规定，结合检察工作实际，制定本意见。

一、目标和原则

（一）主要目标：坚持以习近平新时代中国特色社会主义思想为指

导，深入贯彻落实习近平法治思想，加强检察机关法律监督工作，深化司法体制综合配套改革，全面准确落实司法责任制，建立权责明晰，权责相当，公正、规范、高效、廉洁的检察权运行机制，高质效办好每一个案件，努力让人民群众在每一个司法案件中感受到公平正义。

（二）基本原则：坚持党对检察工作的绝对领导，依法履行宪法和法律规定的职责；坚持遵循司法规律，符合检察职业特点；坚持谁办案谁负责、谁决定谁负责；坚持突出检察官办案主体地位与加强制约监督、强化检察长对司法办案工作领导有机结合；坚持惩戒与保护并重，主观过错与客观行为相一致，责任与处罚相适应；坚持自觉接受人大、政协、监察以及新闻媒体等社会各界的监督，自觉接受公安机关、审判机关、司法行政机关的制约。

二、健全司法办案组织及运行机制

（三）检察委员会是人民检察院的办案组织和重大业务工作议事决策机构。检察委员会由检察长、副检察长和若干资深检察官组成，成员应当为单数，并设专职委员。各级人民检察院应当提高检察委员会工作规范化、专业化、信息化水平，发挥检察委员会对重大、疑难、复杂案件和其他重大问题的决策功能。

（四）检察长领导本院司法办案工作，重大办案事项由检察长决定。副检察长协助检察长行使办案职权。

（五）人民检察院办理案件，根据履行检察职责需要、案件类型及其复杂难易程度，可以由独任检察官或者由两名以上检察官组成的办案组承办。

检察官办案组可以相对固定设置，也可以根据司法办案需要临时组建。由检察官办案组办理案件的，检察长应当指定一名检察官担任主办检察官。检察长、副检察长、检察委员会专职委员参加检察官办案组的，应当担任主办检察官。

独任检察官、检察官办案组办理案件，可以配备必要的检察辅助人员。

（六）独任检察官、检察官办案组办理案件，在其职权范围内依法作出决定或者依法提出处理意见。检察官办案组办理案件，主办检察官作出决定或者提出处理意见前，应当组织办案组检察官进行讨论或者听取办案组其他检察官意见，并将不同意见记录在案。

（七）独任检察官、检察官办案组办理案件，可以提请业务部门负责人召开检察官联席会议讨论。检察官联席会议讨论意见是独任检察官、检察官办案组办理案件的重要参考。检察官联席会议讨论情况和意见应当全面记录，经参加会议的检察官签名后附卷保存。

（八）办案事项应当由检察长或者检察委员会决定的，检察官办案组或者独任检察官应当提出处理意见，经部门负责人审核后报检察长决定或者报检察长提请检察委员会讨论决定。

（九）独任检察官、检察官办案组办理案件，在坚持专业分工的基础上，以随机分案为主、指定分案为辅。

（十）检察长、副检察长、检察委员会专职委员每年应当作为主办检察官或者独任检察官办理一定数量的案件，并带头办理重大复杂敏感、新类型和在法律适用方面具有普遍指导意义的案件。

三、明确司法办案职权

（十一）下列案件，应当提请检察委员会讨论决定：

1. 涉及国家安全、国家重大利益或者严重影响社会稳定的案件；

2. 拟层报最高人民检察院核准的案件；

3. 拟提请或者提出抗诉的重大、疑难、复杂案件；

4. 拟向上级人民检察院请示的案件；

5. 对检察委员会原决定进行复议的案件；

6. 根据《人民检察院刑事诉讼规则》《人民检察院民事诉讼监督规则》《人民检察院行政诉讼监督规则》《人民检察院公益诉讼办案规则》等的规定，其他需要提请检察委员会讨论决定的重大、疑难、复杂案件。

（十二）检察委员会的决定，检察官应当及时执行。检察官因特殊原因无法及时执行检察委员会决定或者在执行完毕前出现新情况的，应当立即书面报告检察长。

（十三）下列案件或者办案事项，应当由检察长作出决定：

1. 涉及国家安全、国家利益、社会公共利益或者影响社会稳定的案件；

2. 涉及国防、外交等敏感案件；

3. 重大的职务犯罪、涉黑涉恶犯罪、金融犯罪案件；

4. 涉案人数众多，或者社会影响较大，或者危害后果严重的案件；

5. 新类型案件以及对于法律适用具有普遍指导意义的案件；

6. 上级人民检察院交办、下级人民检察院请示、公安机关要求复议和提请复核的案件；

7. 根据《人民检察院刑事诉讼规则》《人民检察院民事诉讼监督规则》《人民检察院行政诉讼监督规则》《人民检察院公益诉讼办案规则》等的规定，其他需要由检察长决定的办案事项。

（十四）检察官依照法律、司法解释的规定和检察长的委托，依法行使下列职权：

1. 传唤、讯问犯罪嫌疑人、被告人；

2. 询问证人和对诉讼活动具有重要影响的其他诉讼参与人；

3. 组织收集、调取、审核证据，开展调查核实工作；

4. 组织搜查、查封、扣押、冻结、勘验、检查等；

5. 审查案件材料；

6. 主持案件听证会、公益诉讼磋商座谈会；

7. 出席法庭，宣读起诉书（上诉书、抗诉书、出庭意见书）、讯问被告人、对相关证据进行举证质证辩论、发表出庭意见等；

8. 查阅、调取人民法院案卷；

9. 临场监督死刑执行；

10. 检察长委托检察官负责的其他办案事项。

（十五）主办检察官除行使检察官办案职权外，对检察官办案组还应当履行下列职责：

1. 负责检察官办案组办理案件的组织、指挥、协调；

2. 负责编入检察官办案组检察辅助人员的分工、提出考核建议等管理工作。

（十六）省级人民检察院可以结合本地实际，制定辖区内人民检察院检察官职权清单。省级人民检察院制定的检察官职权清单，应当报最高人民检察院备案。

四、明确检察辅助人员职责

（十七）检察官助理在检察官的指导下，可以履行下列职责：

1. 讯问犯罪嫌疑人、被告人，询问证人和其他诉讼参与人；

2. 接待律师及案件相关人员；

3. 收集、调取、核实证据，协助开展调查核实工作；

4. 实施搜查、查封、扣押、冻结、勘验、检查等；

5. 审查案件材料，草拟法律文书；

6. 协助检察官出席法庭，经检察长批准，高阶段的检察官助理可以在检察官就主要事实和法律问题发言后，辅助进行举证质证、补充发表出庭意见、参与法庭辩论；

7. 检察官交办的其他办案事项。

（十八）检察技术人员受检察官的指派、委托，可以履行下列职责：

1. 对与犯罪有关的场所、物品、人身、尸体进行勘验或者检查；

2. 对案件中的专门性问题进行鉴定并出具鉴定意见；

3. 对案件中的技术性证据进行专门审查并出具审查意见；

4. 协助开展调查和收集证据；

5. 其他检察技术辅助工作。

（十九）书记员在检察官指导下，可以履行下列职责：

1. 案件受理、审查、宣告中的事务性准备工作；

2. 案件办理过程中的记录工作；

3. 案件收转、登记和法律文书的文印、送达；

4. 案件材料的录入、保管、整理和案卷装订、归档；

5. 检察官交办的其他事项。

检察官可以指派书记员配合检察官助理开展工作。

（二十）司法警察负责办案场所警戒、人民检察院直接立案侦查案件犯罪现场保护、人员押解和看管、保障调查核实顺利进行、维持听证秩序、参与检察官履职保护等警务事项，依法履行《人民检察院司法警察条例》规定的职责。

五、完善检察权内部制约监督机制

（二十一）上级人民检察院应当加强对下级人民检察院司法办案工作的领导和监督。上级人民检察院可以指令下级人民检察院纠正错误决定，或者依法撤销、变更下级人民检察院对案件的决定。上级人民检察院对下级人民检察院司法办案工作的指令，应当由检察长或者检察委员会决定，以人民检察院的名义作出。

（二十二）检察长可以对检察官职权范围内决定的案件或者办案事项进行审核。检察长审核案件，可以要求检察官重新审查或者提请检察委员会讨论决定，也可以直接作出决定。

检察长可以要求检察官报告其办理案件的有关情况。有下列情形之一的，检察长可以要求检察官作出说明：

1. 无正当理由不执行检察长、检察委员会决定的；

2. 检察官办理的案件可能受到不当过问、干预的；

3. 当事人举报投诉检察官违法办案的；

4. 律师申诉、控告检察官阻碍其依法行使诉讼权利的；

5. 检察官存在其他未依法履行办案职责情形的。

（二十三）业务部门负责人除作为检察官承办案件外，还应当履行下列监督管理职责：

1. 经检察长授权，对需要提请检察委员会讨论、报请检察长决定的案件，以及拟向检察长报告的案件进行审核；

2. 经检察长授权，对检察官办理案件的起诉书、不起诉决定书、抗诉书、检察建议书、检察意见书等重要法律文书进行审核，审核范围可以由各级人民检察院结合实际依法确定；

3. 召集检察官联席会议讨论案件，为办理案件的检察官或者检察官办案组提供参考意见；

4. 通过听取案件汇报、查看检察业务应用系统、抽查案卷材料等，对本部门检察官办理的案件进行常规检查；

5. 督促检察官执行上级人民检察院以及本院检察长、检察委员会的决定；

6. 对检察官不履行或者不正确履行职责的行为提出纠正意见，并督促整改；

7. 向检察长报告检察官履职情况；

8. 对本部门检察人员开展考核管理；

9. 由业务部门负责人履行的其他职责。

（二十四）业务部门负责人审核案件或者重要法律文书时，可以要求检察官对案件重新审查或者补充相关材料，但不得直接改变检察官意见或者要求检察官改变意见。业务部门负责人与检察官处理意见不一致时，可以召集检察官联席会议讨论，也可以将审核意见连同检察官处理意见一并报检察长决定。检察官处理意见与检察官联席会议多数检察官意见不一致的，业务部门负责人应当将案件报检察长决定。

（二十五）检察长、副检察长、检察委员会专职委员、业务部门负责人以及其他负有监督管理职责的检察人员，怠于履行或者不当履行监督管理权，对检察人员违反检察职责的行为失职失察、隐瞒不报、措施不当的，依照有关规定和程序承担监督管理责任。

六、完善司法责任认定和追究制度

（二十六）检察人员应当对其履行职责的行为终身负责。在司法办案工作中，检察人员故意违反职责，或者因重大过失违反职责造成严重后果的，应当承担司法责任。

（二十七）检察委员会讨论的案件，检察官对其汇报的事实负责，检察委员会委员对本人发表的意见和表决负责。

检察委员会作出错误决定的，检察委员会委员根据错误决定形成的具体情形和主观过错情况，承担相应的司法责任；没有故意或者重大过失的，不承担司法责任。

（二十八）检察长对职权范围内就办案事项作出的决定负责。

检察长对办案事项作出的决定，检察官应当执行。检察官执行检察长决定时，认为决定有错误的，可以提出异议；检察长不改变该决定，或者要求立即执行的，检察官应当执行，执行后果由检察长负责，检察官不承担司法责任。检察官执行检察长明显违法的决定且未提出异议的，应当承担相应的司法责任。

（二十九）独任检察官办理并作出决定的案件，由独任检察官负责。

检察官办案组办理的案件，由主办检察官和其他检察官共同负责。主办检察官对其职权范围内决定的事项负责，其他检察官对自己的行为负责。

检察官故意隐瞒、歪曲事实，或者因重大过失遗漏重要事实、证据或者情节，导致检察委员会、检察长作出错误决定的，主要由检察官承担司法责任。

（三十）独任检察官、检察官办案组根据检察长、副检察长、检察委员会专职委员、业务部门负责人对案件重新审查的要求，改变原决定从而作出错误决定，前述负有监督管理职责的人员存在故意或者重大过失的，承担监督管理责任；独任检察官、检察官办案组存在故意或者重大过失的，承担司法责任。

（三十一）检察辅助人员参与司法办案工作，对自己职责范围内的办案工作负责。

对于检察官在职权范围内作出决定的事项，检察辅助人员不承担司法责任。检察辅助人员有故意或者重大过失行为，导致检察官作出错误决定的，应当承担相应的司法责任。

检察官授意、指使检察辅助人员实施违反检察职责行为，由检察官承担司法责任。检察辅助人员执行明显违法的指令且未提出异议的，应当承担相应的司法责任。

（三十二）上级人民检察院改变下级人民检察院意见的，由上级人民检察院有关人员就改变部分负责。

下级人民检察院有关人员故意隐瞒、歪曲事实，或者因重大过失遗漏重要事实、证据或者情节，导致上级人民检察院作出错误命令、决定的，由下级人民检察院有关人员承担司法责任；上级人民检察院有关人员存在故意和重大过失的，应当承担相应的司法责任。

（三十三）检察人员在履行职责过程中，虽有错误后果发生，但已经尽到必要注意义务，对后果发生仅有一般过失的，不承担司法责任。

（三十四）检察人员在事实认定、证据采信、法律适用、办案程序、文书制作等方面不符合法律和有关规定，但不影响案件结论的正确性和效力的，属司法瑕疵，不因此承担司法责任。

（三十五）最高人民检察院和各省、自治区、直辖市设立检察官惩戒委员会，从专业角度对检察官的司法责任进行审查。人民检察院承担检务督察工作的部门经调查认为检察官存在违反检察职责的行为，需要追究司法责任的，报检察长批准后，提请检察官惩戒委员会审议。检察官惩戒委员会审议后，提出构成故意违反职责、存在重大过失、一般过失或者没有违反职责等审查意见。检察官惩戒委员会提出审查意见后，人民检察院应当依照相关规定作出是否予以惩戒的决定，并给予相应处理。

（三十六）对应当承担司法责任的检察人员，根据其违反检察职责行为的性质、情节、后果等，追究相应的纪律责任、法律责任。

关于司法责任追究、检察官惩戒的具体情形、程序等按照《人民检察院司法责任追究条例》《检察官惩戒工作程序规定》等相关规定执行。

（三十七）检察人员能够主动纠错、说明情况，如实记录报告干预司法活动、插手具体案件处理、违规过问案件、不当接触交往等情况的，可以从宽处理。对抗、阻碍或者指使他人对抗、阻碍司法责任调查和追究的，应当从严处理。

（三十八）检察人员对处理决定不服的，可以申请复核，提出申诉。

（三十九）对检察人员检举控告失实需要澄清的，应当采取适当方式进行澄清。对检察人员诬告陷害的，应当依法予以追究。

七、完善检察权管理机制

（四十）检察办案工作原则上应当在检察业务应用系统上运行，实现办案信息网上录入、办案流程网上管理、办案活动网上监督。人民检察院案件管理部门对检察官办理案件的程序进行实时、动态监督，发现问题的，应当提出意见，通报案件承办部门、承办检察官或者移送本院检务督察部门。

（四十一）完善检察人员考核机制，综合考评办案数量、质量、效率、效果等。考核结果作为干部评先评优、晋职晋级、检察官员额管理、绩效奖金发放的重要依据。

检察官年度考核不称职，应当降低检察官等级，经检察官考评委员会认定不能胜任检察官职务的，应当按照程序退出检察官员额。

（四十二）综合运用常规抽查、重点评查、专项评查等方式，对检察官已经办结案件的质量进行检查评定。加强评查结果运用，将案件质量评查结果作为评价检察官办案业绩的重要依据，纳入检察官考核管理体系。

（四十三）健全防止干预司法“三个规定”常态化落实机制，严格执行过问或干预、插手检察办案的记录报告制度，完善记录报告内容核查、违纪违法案件倒查等机制。

（四十四）进一步完善案件信息公开平台建设，优化检务公开工作，统筹信息公开与维护国家安全、数据安全、个人隐私的关系，进一步规范向当事人公开和向社会公开的范围、标准、程序，以公开促公正、提升司法公信力。

八、附则

(四十五) 本意见所称检察人员包括检察长、副检察长、检察委员会委员、其他检察官和检察辅助人员。检察辅助人员包括检察官助理、书记员、检察技术人员、司法警察。业务部门负责人包括具有检察官身份的部门正职、副职。

(四十六) 本意见所列检察长行使的职权，检察长可以委托副检察长、检察委员会专职委员行使。

(四十七) 本意见第（十一）（十三）条所列案件由检察委员会、检察长决定的，指的是以人民检察院名义作出是否起诉、抗诉、发出检察建议等对案件处理具有决定性意义的事项。其他事项需要报请检察委员会、检察长决定的，按照最高人民检察院有关规定和各级人民检察院职权清单的规定执行。

(四十八) 本意见自发布之日起施行，2015 年最高人民检察院印发的《关于完善人民检察院司法责任制的若干意见》（高检发〔2015〕10 号）同时废止。其他文件规定与本意见不一致的，以本意见为准。本意见由最高人民检察院负责解释。

最高人民检察院

关于印发《人民检察院司法责任追究条例》的通知

2024 年 7 月 4 日　　　　　　　　　　　　高检发〔2024〕6 号

各省、自治区、直辖市人民检察院，解放军军事检察院，新疆生产建设兵团人民检察院：

为贯彻落实党的二十大关于全面准确落实司法责任制的决策部署，最高人民检察院对 2020 年 10 月 26 日印发的《人民检察院司法责任追究条例》作了修订，已报经中央政法委员会全体会议审议通过，现印发你们。请结合实际认真贯彻落实。实施过程中遇到的重要情况和问题，请及时报告。

人民检察院司法责任追究条例

第一章　总　　则

第一条　为全面准确落实司法责任制，构建公平合理的司法责任认定和追究机制，保证人民检察院及其办案组织、检察人员依法履行职责、公正行使职权，实现权力与责任、放权与管权有机统一，保障高质效办好每一个案件，根据《中华人民共和国公职人员政务处分法》《中华人民共和国检察官法》等法律法规，结合检察工作实际，制定本条例。

第二条　检察人员应当对其履行检察职责的行为终身负责。在司法办案工作中故意违反检察职责的，或者因重大过失造成严重后果的，应当承担司法责任，依纪依法追究相应的纪律责任、法律责任。

第三条　检察人员在司法办案工作中，虽有错误后果发生，但尽到必要注意义务，对错误后果发生仅有一般过失的，不承担司法责任。

检察人员在事实认定、证据采信、法律适用、办案程序、文书制作等方面不符合法律和有关规定，但不影响案件结论的正确性和效力的，属司法瑕疵，不因此承担司法责任。

第四条　司法责任追究应当坚持党管干部原则；坚持谁办案谁负责，谁决定谁负责；遵循司法规律，体现检察职业特点；坚持依法依规，客观公正，责任与处罚相当；坚持惩处与教育结合，追责与保护并重。

第五条　开展司法责任追究工作应当发挥检察官惩戒委员会专业审查职能作用，优化机构设置和委员组成，完善工作机制，主动接受纪检监察机关的监督，加强沟通协调，形成监督合力。

第六条 司法责任追究工作在人民检察院党组的领导下，由负责检务督察的部门组织落实。负责检务督察的部门承担线索受理、责任调查、提出追责处理建议等事项；办案部门、案件管理部门在线索研判、责任调查等环节提供协助；政工人事、机关纪委等部门依职权承办有关追责处理事项。

第二章 责任追究范围

第七条 检察人员在履行检察职责过程中，故意实施下列行为之一的，应当承担司法责任：

（一）隐瞒、歪曲事实，违规采信或者不采信关键证据，错误适用法律的；

（二）毁灭、伪造、变造、隐匿、篡改证据材料或者法律文书的；

（三）暴力取证或者以其他非法方式获取证据的；

（四）明知是非法证据不依法排除，而作为认定案件事实重要依据的；

（五）违反规定立案或者违法撤销案件的；

（六）违反规定剥夺、限制当事人、证人人身自由的；

（七）非法搜查、损毁当事人财物或者违法违规查封、扣押、冻结、保管、处理涉案财物的；

（八）对已经决定给予国家赔偿的案件拒不赔偿或者拖延赔偿的；

（九）违反规定严重侵犯诉讼参与人诉讼权利的；

（十）明知侦查、审判、执行活动违法，或者裁判错误，不履行或者不正确履行刑事、民事、行政检察监督职责的；

（十一）违反规定不履行或者不正确履行公益诉讼检察职责的；

（十二）泄露国家秘密、商业秘密、个人隐私等案件信息的；

（十三）其他不履行或者不正确履行检察职责，应当承担司法责任的。

第八条 检察人员在履行检察职责过程中，存在重大过失，具有下列情形之一的，应当承担司法责任：

（一）认定事实、适用法律等方面出现错误，导致案件错误处理并造成严重后果的；

（二）遗漏重要犯罪嫌疑人或者重大罪行的；

（三）对明显属于采取非法方法收集的证据未予排除，导致案件错误处理并造成严重后果的；

（四）发生涉案人员自杀、自伤、行凶、脱逃、串供或者案卷、证据、涉案财物遗失、毁损等重大办案事故的；

（五）在履行审查逮捕、审查起诉、出席法庭等职责中作出错误处理，造成严重后果或者恶劣影响的；

（六）在履行刑事诉讼监督职责中未及时依法提出纠正侦查、审判活动违法的意见或者未依法监督纠正错误裁判，造成严重后果或者恶劣影响的；

（七）未依法履行刑罚执行或者监管执法监督职责，服刑人员被违法减刑、假释、暂予监外执行或者监管场所发生在押人员脱逃、非正常死亡等严重事故的；

（八）未依法履行民事诉讼监督、行政诉讼监督、公益诉讼检察等职责，造成国家利益、社会公共利益、当事人利益重大损失的；

（九）泄露国家秘密、商业秘密、个人隐私等案件信息，造成严重后果或者恶劣影响的；

（十）其他造成严重后果或者恶劣影响的。

第九条 因下列情形，改变案件定性、处理决定以及撤回起诉、判决无罪等的，检察人员不承担责任：

（一）法律法规修改、司法解释发生变化或者有关政策调整的；

（二）法律法规、司法解释规定不明确，存在对法律法规、司法解释具体条文的理解和认识不一致，但在专业认知范围内能够予以合理说明的；

（三）因当事人故意作虚假陈述、供述，或者毁灭、伪造证据等过错，致使案件事实认定发生变化的；

（四）出现新证据或者证据发生变化的；

（五）因技术条件限制等客观原因或者不能预见、无法抗拒的其他原因致使司法履职出现错误的；

（六）案件处理所依据的其他法律文书被撤销或者变更的；

（七）其他依法履行检察职责不应当承担责任的情形。

第三章　管辖和受理

第十条　开展司法责任追究工作，一般由发生违反检察职责行为的人民检察院负责线索受理、开展司法责任调查。涉及院领导班子成员及相当职务人员的，由上级人民检察院开展司法责任调查。

上级人民检察院有权直接或者指定辖区内其他人民检察院对下级人民检察院检察人员组织开展司法责任调查。

第十一条　人民检察院负责检务督察的部门统一受理下列途径发现的检察人员在司法办案工作中违反检察职责的线索。

（一）人民检察院在系统内巡视、政治督察、执法督察、“三个规定”等重大事项填报、倒查违纪违法案件等工作中发现的；

（二）人大代表、政协委员、人民监督员、群众信访、网络舆情等发现或者反映的；

（三）人民检察院内设机构、派驻派出机构在日常监督管理、案件质量评查、反向审视、巡回检察、司法工作人员相关职务犯罪侦查、控告申诉等工作中发现的；

（四）上级人民检察院在案件办理、专项检查、业务指导、备案审查等工作中发现的；

（五）领导交办或者有关单位移送的；

（六）通过其他途径发现的。

第十二条 对检察人员承办的案件确认发生冤假错案，国家承担赔偿责任，发生犯罪嫌疑人、被告人逃跑或者死亡、伤残等办案事故，无正当理由拖延办案造成严重后果，严重侵犯诉讼参与人合法权益等情形，以及经案件质量评查为不合格等次的，人民检察院相关内设机构、派驻派出机构应当及时通报本院负责检务督察的部门，并提供相关材料。

第十三条 人民检察院负责检务督察的部门应当及时对受理的线索和第十二条所列情形进行分析研判，认为检察人员不存在违反检察职责行为的，予以了结；认为暂时不具备调查条件的，予以暂存待查；认为可能存在违反检察职责行为的，提出启动司法责任调查程序的意见，报请检察长批准。

第四章 责任调查和认定

第十四条 人民检察院开展司法责任调查，应当制作调查决定书，并在七日内报上一级人民检察院负责检务督察的部门备案。

第十五条 人民检察院负责检务督察的部门可以抽调检察官等有关人员组成调查组进行调查，采取下列方式开展工作：

（一）查阅、调取、复制与调查事项有关的材料、案卷、档案、电子数据等；

（二）与当事检察人员谈话；

（三）询问有关知情人；

（四）察看办案现场，走访相关单位；

（五）咨询相关单位、部门、机构或者专家；

（六）其他合法合规的工作方式。

第十六条 调查组应当自批准调查之日起三个月内完成调查工作。因特殊原因需要延长调查期限的，应当经检察长批准，并报上一级人民检察院检务督察部门备案，延长时间不得超过三个月。

第十七条 调查组应当查明当事检察人员违反检察职责行为的事实、依据、原因和后果等情况，以及所涉案件办理过程中是否存在他人违规过问或者干预、插手案件，办案人员与律师、当事人等不当接触交往和有关单位协调案件办理等情况。

第十八条 调查过程中，当事检察人员有申请回避、陈述、举证和辩解的权利。调查组应当如实记录当事检察人员的陈述、辩解和举证。

第十九条 调查结束后，调查组依据《关于人民检察院全面准确落实司法责任制的若干意见》的相关规定对责任认定、划分和承担等提出意见，形成调查报告，并对案件材料进行立卷。

调查报告包括下列内容：线索来源及调查过程；所涉案件简要情况及诉讼经过；办案错误发生的经过、原因、后果；当事检察人员的基本情况；当事检察人员违反检察职责的事实和依据；当事检察人员的认识态度、申辩意见及采纳情况的说明；责任认定的意见及依据等。

第二十条 人民检察院负责检务督察的部门对调查报告进行审查后提出处理意见，报检察长批准。对责任认定有较大争议的，可以提请检察委员会讨论。

市、县两级人民检察院应当将违反检察职责检察人员的调查处理意见报上一级人民检察院审核；省级人民检察院应当将错误执行死刑、错误羁押十年以上及其他造成严重后果或者恶劣影响案件责任人的调查处理意见报最高人民检察院审核。

第二十一条 经审核同意后，按照下列情形分别处理：

（一）对于调查认为存在违反检察职责行为，需要追究司法责任的当事检察官，按照《检察官惩戒工作程序规定（试行）》，提请检察官惩戒委员会从专业角度进行审议，由其提出构成故意违反职责、存在重大过失、存在一般过失或者没有违反职责等审查意见。

（二）对于存在司法瑕疵或者一般过失等情节较轻的违反检察职责行为，不需要追究司法责任的检察人员，由相关单位或者部门视情节给予提醒谈话、批评教育、责令检查或者诫勉等处理。

（三）对于存在违反检察职责行为，但已被开除、辞退且无相关单位，或者已死亡的检察人员，应当明确其承担的责任。

（四）没有证据证明检察人员存在违反检察职责行为的，应当及时予以了结并通知当事检察人员。必要时，可采取适当方式，对检举控告失实的具体问题在一定范围内进行澄清。发现检察人员被诬告陷害的，及时将线索移送有关单位处理。

第五章 责任追究和救济

第二十二条 经检察官惩戒委员会审议，认定当事检察官故意违反检察职责的，或者存在重大过失并造成严重后果的，以及其他检察人员经调查认定需要追究司法责任的，按照干部管理权限作出司法责任追究处理决定。

当事检察人员干部管理权限不在检察机关的，移送相关纪检监察机关或者单位处理，并向其通报同一案件其他相关责任人的调查处理情况。

当事检察人员干部管理权限在检察机关的，由负责调查的人民检察院检务督察部门提出司法责任追究的处理建议，征求派驻纪检监察组的意见后，经检察长批准，由当事检察人员所在人民检察院党组研究作出处理决定。

（一）应当给予组织处理的，由人民检察院政工人事部门按照《中国共产党组织处理规定（试行）》的规定办理；

（二）应当给予党纪处分或者处分的，由人民检察院相关职能部门按规定立案后，依据《中国共产党纪律处分条例》《中华人民共和国公职人员政务处分法》等有关规定办理。

第二十三条 人民检察院在司法责任追究工作中，发现检察人员违反检察职责的行为涉嫌职务犯罪的，应当将犯罪线索及时移送监察机关或者人民检察院负责侦查的部门处理。

第二十四条 对应当承担司法责任的检察人员，根据其违反检察职责行为的性质、情节、后果等情况区别处理。

检察人员能够主动纠错、说明情况，如实记录报告干预司法活动、插手具体案件处理、违规过问案件、不当接触交往等情况，可以从宽处理。

对抗、阻碍或者指使他人对抗、阻碍司法责任调查和追究的，应当从严处理。

第二十五条 上级人民检察院发现下级人民检察院应当追究检察人员的司法责任而没有追究，或者处理处分违法、不当的，应当督促下级人民检察院纠正。

第二十六条 对检察人员同一违反检察职责行为，纪检监察机关已经审查调查处理的，人民检察院不再进行调查处理。

纪检监察机关办理检察人员违纪违法案件过程中，需要检察机关从专业角度对违反检察职责行为提出意见的，人民检察院应当支持配合。

第二十七条 检察人员不服人民检察院司法责任追究处理决定的，可以自收到处理决定书之日起三十日内向作出决定的人民检察院申请复核，作出处理决定的人民检察院应当在三十日内作出复核决定；对复核结果仍不服的，可以自收到复核决定书之日起十五日内，向作出处理决定的人民检察院的同级公务员主管部门或者上一级人民检察院申诉，受理申诉的人民检察院应当在六十日内作出处理决定，情况复杂的可以延长时间，但不得超过三十日；也可以不经复核，自收到处理决定书之日起三十日内直接提出申诉。

复核、申诉期间，不停止原决定的执行。

第六章 附 则

第二十八条 司法责任的认定应当遵循从旧兼从轻原则，如果违反检察职责行为发生时的规定不认为应当追究司法责任的，适用当时的规定；如果行为发生时的规定认为应当追究司法责任，但是本条例不认为应当追究司法责任的，适用本条例。

第二十九条 本条例由最高人民检察院负责解释。

第三十条 本条例自颁布之日起施行。本条例施行后，最高人民检察院以前发布的有关司法责任追究的规定与本条例不一致的，以本条例的规定为准。

解读《最高人民法院、最高人民检察院、公安部、司法部关于办理醉酒危险驾驶刑事案件的意见》*

李睿懿　李晓光　曾　琳**

2023 年 12 月 13 日，最高人民法院、最高人民检察院、公安部、司法部联合印发《最高人民法院、最高人民检察院、公安部、司法部关于办理醉酒危险驾驶刑事案件的意见》（以下简称《意见》），自 12 月 28 日起施行。为便于司法实践中准确理解和适用，现就《意见》的制定背景、起草思路和主要内容说明如下。

一、《意见》的制定背景

党的十八大以来，以习近平同志为核心的党中央领导人民续写了经济快速发展和社会长期稳定两大奇迹，社会治安形势总体向好，以杀人、抢劫等自然犯为主体的重罪案件数量和占比不断下降。随着刑事立法的推进，以危险驾驶、帮助信息网络犯罪活动等行政犯为主体的轻罪案件数量和占比大幅上升。行政犯与自然犯在行为方式、危害程度和后果、犯罪主体身份等诸多方面存在不同之处，决定了对行政犯与自然犯的刑法规制和治理策略也应有所不同。如何根据轻罪案件罪质特点，建

* 《最高人民法院、最高人民检察院、公安部、司法部关于办理醉酒危险驾驶刑事案件的意见》收录于《刑事法律文件解读》总第 224 辑（2024. 2）。

** 作者单位：最高人民法院。

立健全轻罪治理机制，实现轻罪治理体系和治理能力现代化，用最小的社会成本获得最大的治理效果，最大限度地减少社会对立面，巩固国家长治久安的基础，是当前和今后一段时期刑法参与社会治理的一项重要任务。

2011年5月1日起施行的刑法修正案（八）增设了危险驾驶罪，在道路上醉酒驾驶机动车（以下简称醉驾）是其中最为典型的危险驾驶行为。醉驾入刑以来，各地坚持严格执法、公正司法，依法惩治在道路上酒后驾驶机动车（以下简称酒驾）醉驾违法犯罪行为，有力维护了人民群众生命财产安全和道路交通安全，酒驾醉驾百车查处率明显下降，酒驾醉驾导致的恶性交通死亡事故数量大幅减少，“喝酒不开车，开车不喝酒”的守法观念逐步成为社会共识，酒驾醉驾治理成效显著。各地公安机关持续加大酒驾醉驾查缉力度，交通警察路面执法时长和频次明显增加，不断挤压犯罪“黑数”。在严密查处酒驾醉驾的同时，也有效威慑了其他道路交通违法行为，助推道路交通秩序持续向好。

我国酒文化浓厚，聚餐饮酒现象较为普遍。随着社会经济快速发展，餐饮业法人企业数、从业人数、餐费收入逐步增长，2011年分别为2.25万个、227.80万人、3433.77亿元，2022年分别涨至4.68万个、291.97万人、7315.18亿元；机动车保有量、驾驶人员数和公路里程数也在逐年增长，2011年分别为2.25亿辆、2.36亿人、410.64万公里，2023年分别涨至4.35亿辆、5.23亿人、544.1万公里。尽管醉驾入刑，但仍有人因法律观念淡漠、安全意识不强、心存侥幸而酒驾。人民法院受理的醉驾案件量自2018年起超过盗窃案件量，连续数年位列刑事案件收案量首位，不仅与多年来交通肇事、严重暴力犯罪数量持续下降形成反差，也不符合我国社会治安形势和道路交通秩序持续向好的趋势。醉驾属轻罪，但犯罪附随后果与其他重罪并无不同，因醉驾成为罪犯，不仅个人事业、生活和前途命运受到影响，也不利于家庭和谐、社会稳定。如何更好地发挥刑法在醉驾治理中的作用，优化出入罪标准，打击和孤立极少数，教育、感化和挽救大多数，尽量减少犯罪附随后果的影响，推进醉驾治理现代化，从源头上预防和减少酒后驾驶行为发生，是醉驾入刑以来执法司法部门在不断实践探索的重要问题。

2013 年 12 月，最高人民法院、最高人民检察院、公安部联合印发了《关于办理醉酒驾驶机动车刑事案件适用法律若干问题的意见》（法发〔2013〕15 号，以下简称《2013 年意见》），对“醉酒”“道路”“机动车”的含义和认定依据、醉驾从重处罚的具体情形、强制措施的适用等突出问题作了明确规定，一定程度上统一了法律适用标准。囿于当时的情势，《2013 年意见》未对醉驾从宽处理情形等存在较大争议的问题作出规定。不少地方出于执法司法实践需要，陆续出台地方性文件，对《2013 年意见》未作规定的问题予以明确，在一定地域范围内统一了执法司法标准，但因具体标准不同，也带来全国范围“同案不同判”的问题，影响法律统一实施，有损人民群众对公平正义的获得感。近年来，全国人大代表和政协委员、专家学者、律师等社会各界人士高度关注醉驾治理问题，提出了许多好的意见和建议。对《2013 年意见》进行补充完善的必要性日益凸显，条件也已经成熟。

为适应新形势、新变化，回应社会广泛关切，统筹解决醉驾治理问题，在中央政法委组织领导下，最高人民法院、最高人民检察院、公安部、司法部自 2019 年下半年起联合开展调研，总结醉驾入刑以来各地执法司法经验，提炼法律适用规则，经多次协商、反复研究，不断凝聚共识，并听取基层执法司法人员和专家学者的意见建议，征求全国人大常委会法制工作委员会意见，于 2023 年 12 月 13 日联合印发了《意见》。

二、《意见》的起草思路

《意见》坚持以习近平新时代中国特色社会主义思想为指导，深入贯彻习近平法治思想，坚持治罪与治理并重，充分考虑醉驾的轻罪特征，落实宽严相济，优化出入罪标准，畅通行刑衔接，加强综合治理，探索推进醉驾治理现代化。具体起草思路包括以下四个方面。

一是全面准确贯彻宽严相济刑事政策，实现“三个效果”有机统一。宽严相济是我国的基本刑事政策，对于最大限度地预防和减少犯罪、化解社会矛盾、维护社会和谐稳定、厚植党的执政根基，具有特别重要的意义。在执法司法实践中，应将这一政策的基本要求落实到立案、起诉、定罪和量刑的每一个环节，根据案件的具体情节实行区别对待。对造成交通事故、不思悔改等情节恶劣的醉驾者，当严则严；对醉驾情节一般的初犯给予改过自新的机会，该宽则宽，注重法理情相融合，实现案件办理政治效果、法律效果和社会效果的有机统一。

二是依法认定和惩治醉驾，统一执法司法标准。刑法第五条确立的罪责刑相适应原则和第十三条中“但是情节显著轻微危害不大的，不认为是犯罪”的规定，适用于刑法分则所有罪名，危险驾驶罪也不例外。对醉驾行为是否作为犯罪处理，是否追究刑事责任以及判处刑罚轻重，均应当考虑情节。其中，在道路上醉酒驾驶机动车是基本情节，行为人驾驶的动机和目的、醉酒程度、机动车类型、道路情况、行驶时间、速度、距离、后果以及认罪悔罪表现、主观恶性和人身危险性等其他情节，也应在出入罪和量刑时作不同程度考虑。对这些情节均应规定相对客观、便于操作的标准以供统一执行，实现“同案同判”。

三是兼顾公正与效率，优质高效办理醉驾案件。在确保办案质量的前提下，尽量打通影响办案效率的堵点，推动案件快速办结，让被告人能够尽早改过自新，回归家庭和社会。对现场查获、事实清楚、被告人认罪悔罪的醉驾案件，在证据收集要求、办理期限上，应体现“简案快办”。对调研中反映突出的影响办案效率的取保候审“换保”手续、缓刑调查评估等工作，尽量依法简化，加快案件流转。

四是强化体系治理、综合治理，全方位、多层次推进醉驾治理现代化。对于醉驾情节严重，同时构成交通肇事罪等其他犯罪的，按照重罪定罪并从严追究刑事责任；对于醉驾情节轻微、显著轻微，免予刑事处罚或者未被追究刑事责任的，在吊销机动车驾驶证的同时，适用饮酒后驾驶机动车的相关规定予以罚款、行政拘留，使行刑衔接更加顺畅。同时，落细落实“抓前端、治未病”要求，强调执法司法部门应注重采取多种方式强化综合治理，从重事后处罚向重事前监管转型，更好地从源头上预防和减少酒后驾驶行为发生。

三、《意见》的主要内容

《意见》共30条，分为总体要求、立案与侦查、刑事追究、快速办理、综合治理以及附则六部分。相较《2013年意见》，《意见》体系更完整，内容更丰富。总体要求部分上文已有涉及，附则部分规定了《意见》的施行时间，并明确废止《2013年意见》。以下重点说明其他四个部分的内容。

（一）立案与侦查

1. 关于立案标准

醉驾入刑之初，围绕醉驾作为行为犯、抽象危险犯，执法司法中是否还需要考虑情节，能否适用刑法第十三条但书的规定，存在较大争议。出于可能会带来选择性执法的担忧，公众普遍要求从严惩处醉驾行为。公安机关对血液酒精含量达到80毫克/100毫升的醉驾案件，原则上“一律立案”。随着查处醉驾的不断深入，不管是执法司法部门，还是全国人大代表和政协委员、专家学者、律师等社会各界人士，越来越认识到对醉驾案件的处理还需要回归轻罪本身。血液酒精含量达到80毫克/100毫升仅是醉酒情节，是否作为危险驾驶犯罪处理，需要结合其他情节予以考虑。刑法第十三条但书不仅可以，而且很有必要适用于醉驾案件的处理，逐渐成为各方共识。故《意见》第四条第一款规定："在道路上驾驶机动车，经呼气酒精含量检测，显示血液酒精含量达到80毫克/100毫升以上的，公安机关应当依照刑事诉讼法和本意见的规定决定是否立案。对情节显著轻微、危害不大，不认为是犯罪的，不予立案。"至于哪些情形可以认定为情节显著轻微、危害不大，则需要结合《意见》第十条、第十二条的规定予以认定。

2. 关于醉酒的认定

《2013年意见》将血液酒精含量达到80毫克/100毫升，认定为"醉酒"。该标准来自强制性国家标准《车辆驾驶人员血液、呼气酒精含量阈值与检验》（GB 19522—2010），是根据我国驾驶人员生理特点，经过大量调查研究、多方论证的结果，具有较强的科学性，且已实践多年，得到社会广泛认可，故《意见》继续沿用。在具体认定上，《2013年意见》考虑到血液酒精含量鉴定较呼气酒精含量检测更精准，后者多在行政执法初查时使用，故规定血液鉴定意见是认定犯罪嫌疑人是否醉酒的依据，将呼气检测作为例外，即在提取血液样本之前脱逃的，可以以呼气检测结果作为认定醉酒的依据。但有的地方在执行中出现偏差，将血液鉴定意见作为认定醉酒的唯一依据。故《意见》第四条第二款修改表述为"认定犯罪嫌疑人是否醉酒，主要以血液酒精含量鉴定意见作为依据"，并规定了两类、四种特殊情形的醉酒认定。

（1）《意见》第四条第三款规定了以呼气检测结果作为认定醉酒依据的两种情形。一是保留《2013年意见》的规定，犯罪嫌疑人在提取血液样本前脱逃的，以呼气检测结果为依据。二是增加规定提取血液样本前找人顶替的，也可以以呼气检测结果为依据。实践中，有的行为人为逃避法律追究，在发现公安机关执法检查后让同行人顶替，其仅被呼气检测，事后公安机关发现存在顶替情况，再提取血液样本已失去条件或者为时过晚。对上述两种情形规定以呼气检测结果作为认定醉酒的依据，主要考虑是行为人脱逃或者找人顶替的，应承担其行为带来的不利后果，体现了法律对上述行为的否定评价。此外，对于行为人系特殊体质或者出于抢救需要等原因不宜提取血液样本的，也可以以呼气检测结果作为认定醉酒的依据。因这种情况较为少见，故《意见》未作专门规定。

(2)《意见》第四条第四款规定了在呼气检测或者提取血液样本前故意饮酒的，可以以查获后血液酒精含量鉴定意见作为认定醉酒依据的两种情形。一是保留《2013年意见》规定的在公安机关依法检查时当场饮酒的情形。此种情形下，行为人被迫、非正常停驶，法律上可以拟制认定为仍处于驾驶状态。二是增加规定发生交通事故后又饮酒的情形。此种情形下，行为人可能在现场饮酒，也可能逃离到其他地方饮酒，警察可能在场也可能不在场，但肇事与再次饮酒在时间上有延续性，且未间隔太长。需要注意的是，上述两种情形还要查明行为人在驾驶前确有饮酒行为，因行为人企图逃避法律追究而再次饮酒，导致难以客观还原其驾驶时血液酒精含量数值，应由行为人承担对其不利的鉴定后果。

3. 关于道路、机动车的认定

危险驾驶属于行政犯，如无特别需要扩张或者限制解释的理由，对概念性法律术语的规定应当与其对应的行政法规保持一致。《意见》第五条第一款保留了《2013年意见》的规定，对“道路”“机动车”的认定适用道路交通安全法的有关规定。

道路交通安全法第一百一十九条规定，“道路”是指公路、城市道路和虽在单位管辖范围但允许社会机动车通行的地方，包括广场、公共停车场等用于公众通行的场所。实践中，对机关、企事业单位、厂矿、校园、居民小区等单位管辖范围内的路段是否属于道路，在认定上存在困难。经研究，《意见》第五条第二款明确，是否认定为“道路”，应当以其是否具有“公共性”，是否“允许社会机动车通行”作为判断标准。无论单位管理方式是收费还是免费、机动车进出是否需要登记，只要允许不特定的社会机动车自由通行的，就属于道路。只允许单位内部机动车、特定来访机动车通行的，可以不认定为“道路”。“特定来访机动车”一般指因与单位或者单位内部人员有业务往来、亲友关系等特定事由，经单位或者单位内部人员同意方能进入单位管辖范围路段的车辆。

道路交通安全法第一百一十九条规定，“机动车”是指以动力装置驱动或者牵引，上道路行驶的供人员乘用或者用于运送物品以及进行工程专项作业的轮式车辆。“非机动车”是指以人力或者畜力驱动，上道路行驶的交通工具，以及虽有动力装置驱动但设计最高时速、空车质量、外形尺寸符合有关国家标准的残疾人机动轮椅车、电动自行车等交通工具。其中，机动车类型可参照公安部发布的公共安全行业标准《道路交通管理机动车类型》（GA 802—2019）认定。叉车、场地观光旅游车等以动力驱动的非道路车辆，以及拖拉机、联合收割机等农用机械，亦符合道路交通安全法中的“机动车”定义，若上道路行驶，需遵守道路交通安全法的规定，故醉驾此类车辆的可构成危险驾驶罪。需要重点说明的是以下两类车辆。

第一类是超标电动自行车。醉驾入刑之初，市场上大量销售和使用名为电动自行车，实际达到摩托车技术标准的电动二轮车（以下简称超标二轮车）。对此类车辆是否认定为机动车，曾存在争议。经研究，对相关法规是否明确规定超标二轮车属于机动车存在不同理解，有关部门也难以将超标二轮车一律作为机动车进行管理，公众普遍认为超标二轮车不属于机动车，在此情况下，尽管醉酒驾驶超标二轮车存在较大安全隐患，也不宜以危险驾驶罪定罪处罚。随着电动自行车市场管理逐步规范，不少超标二轮车已退出市场或者不允许上道路行驶。有的行为人因无证驾驶超标二轮车被公安机关予以行政处罚，并被告知该车属于机动车；有的地方要求车辆所有人对超标二轮车按照机动车进行登记，办理、悬挂机动车号牌，驾驶人须持有与准驾车型相符的机动车驾驶证（D、E、F类摩托车驾驶证）方能上道路行驶。有意见认为，在上述情形下交通管理部门对超标二轮车按照机动车进行行政管理，行为人对超标二轮车的机动车属性也有所认知，对在道路上醉酒驾驶此类车辆的，有认定为危险驾驶罪的余地。

第二类是电动或者其他动力装置驱动的三轮车、四轮车。从技术条件看，这类车辆属于机动车。按照道路交通安全法等法律法规和规章，工业和信息化部对道路机动车辆生产企业和产品实施准入许可，对符合条件的机动车产品，包括电动三轮车（摩托车）、电动四轮车（汽车）等，均列入《道路机动车辆生产企业及产品公告》，对社会公开发布并建立目录管理制度。但各地生产、销售、管理和使用三轮车、四轮车的情况较为混乱，既有在目录中的合标三轮车、四轮车未按照机动车进行销售和使用的，也有生产、销售、使用不在目录中的非标三轮车、四轮车。特别是在城乡接合部和农村地区，出于生产生活需要，在道路上无证驾驶无牌合标或者非标三轮车、四轮车的情况比较普遍。在行政管理手段未跟上的情况下，对醉酒驾驶此类车辆的，一律按照危险驾驶罪定罪处罚，打击面过大，有违刑法的最后手段性。若不予刑事处罚，违规不办牌证的行为人醉酒驾驶上述车辆仅被评价为行政违法行为，守规办牌证的行为人因醉酒驾驶合标三轮车、四轮车构成危险驾驶罪，反而承担更严重的法律责任，不符合人民群众对公平公正的朴素认知。

上述“定放两难”问题，根源还在行政管理。故《意见》未对上述两类车辆的法律属性作出明确规定，留待实践继续探索。办案中应坚持主客观相一致原则，结合当地行政管理实际情况，充分考虑办案效果，审慎处理。

4. 关于证据收集的一般要求

为提高办案质效，《意见》第七条充分考虑醉驾案件特点，分两类情况提出收集证据要求。一是对于事实无争议的案件，重点收集证明犯罪嫌疑人身份及前科劣迹情况、呼气检测和血液鉴定过程和结果、机动车属性、现场执法情况的证据，体现“简案快办”。二是对于犯罪嫌疑人是否饮酒、是否驾驶机动车、行驶路段是否属于道路等基本事实有争议，以及发生交通事故、可能构成自首等情形的案件，要求进一步收集证明相关事实的证据，体现“难案精办”。

需要说明以下三个问题：一是对于发生交通事故致他人受伤，若被害人明确拒绝鉴定，根据伤情诊断证明等病历资料不能认定被害人损伤构成轻微伤、轻伤的，按照有利于被告人原则认定。二是对于符合《意见》第十条至第十四条规定的，应注意收集、审查相关具体情形的证据。三是现场执法情况、提取与封装血液样本过程、血液样本制备和仪器检测过程均应录音录像，公安机关可不向检察机关、法院移送，但应当保存备查，在对相关事实存在争议时作为证据提交。

5. 关于血液酒精含量鉴定意见的采信

行为人是否醉酒，是醉驾案件的关键事实，也是此类案件审查的重点、难点。控辩双方常围绕血液样本提取、封装、保管、送检、鉴定等环节的程序是否合法展开辩论，存在的问题多为未严格按照公安部、司法部有关道路交通安全违法行为处理程序、鉴定规则等规定进行，不同程度地影响了血液酒精含量鉴定意见的采信。有的地方将瑕疵证据作为非法证据一律排除，导致难以认定被告人醉酒这一基本事实，放纵了犯罪。《意见》第八条专门对此环节作出原则性规定，并提出一些具体要求。例如，对提取、封装血液样本过程、血液样本制备和仪器检测过程录音录像；血液样本提取笔录上要有提取人、封装人、犯罪嫌疑人签字；送检、出具鉴定意见的时间原则上分别为五个工作日内、三个工作日内；等等。《意见》第九条明确了鉴定意见作为瑕疵证据予以采信或者作为非法证据予以排除的规则，主要规定了以下三类常见问题。

一是血液样本提取、封装、保管不规范。其中，作为非法证据排除的情形主要有：血液样本来源不明或者污染不具备鉴定条件；使用促凝管提取的血液样本；血液样本未冷藏保存且在室温保存超过一定时间（实验参考数据为十日左右，具体结合保管情况认定，下同），或者冷藏保存时间过长（实验参考数据为超过三十日）；等等。瑕疵证据经补正或者作出合理解释，排除严重影响鉴定结果、严重影响司法公正可能性，可以采信的情形主要有：提取、封装血液样本未全程录音录像；封装血液样本签字不齐全；未使用一次性采血器材，但提取血液样本使用的试管、抗凝剂、消毒剂符合相关要求；提取血液样本后未轻轻摇动，致使血液样本在许可范围内轻微凝固；血液样本提取少于2毫升；使用醇类消毒液进行皮肤消毒后提取血液样本，血液污染程度对血液酒精含量关键数值（80毫克/100毫升、150毫克/100毫升）影响不大；等等。

二是未按规定的时间和程序送检、出具鉴定意见。其中，作为非法证据排除的情形主要有：延时送检、鉴定，或者未使用低温送检箱，导致血液样本污染不具备鉴定条件；鉴定机构不具备法定资质，或者鉴定事项超出该鉴定机构业务范围、技术条件；鉴定人不具备法定资质，不具有相关专业技术或者职称，或者违反回避规定；鉴定过程和方法不符合相关专业的规范要求；等等。瑕疵证据经补正或者作出合理解释，排除严重影响鉴定结果、严重影响司法公正可能性，可以采信的情形主要有：因防控、偏远地区交通不便等特殊原因导致未按规定时间送检、出具鉴定意见，但血液样本保管规范、妥善，具备鉴定条件；鉴定文书签名、盖章或者编号不符合制作要求；图谱不清晰、记录不完备；鉴定方法未使用指定的国家标准、行业标准，而使用其他国家标准、行业标准；等等。

三是鉴定过程未按规定同步录音录像。公安部、司法部有关鉴定规则并未要求鉴定过程应当同步录音录像，《意见》之所以要求同步录音录像，主要考虑是血液酒精含量鉴定意见是认定行为人醉酒的关键证据，社会鉴定机构和鉴定人员众多，难免存在操作不当之处，如果不影响实质性的鉴定结果，从惩处醉驾犯罪考虑，不宜一律作为非法证据排除。如果当事人或者办案单位对鉴定过程有疑问，鉴定机构应当提供完整、清晰反映送检血液样本由封装状态解封、取样、添加试剂等操作到运用仪器设备开展检测过程的录音录像，以证明鉴定结果客观有效。未能提供同步录音录像，导致对血液样本来源、鉴定过程和方法是否符合相关专业规范要求产生合理怀疑的，对相关鉴定意见应当予以排除。

需要说明的是，对瑕疵证据进行补正或者解释，可以采取由相关人员出具书面情况说明、在原鉴定意见上补正或者出具补正书等方式；必要时，可以通知血液样本提取人、鉴定人等人员出庭作证，相关人员无正当理由拒不出庭作证的，血液酒精含量鉴定意见不得作为定案的证据。排除相关鉴定意见的，呼气检测结果可以作为认定醉酒的依据，但应慎重使用，需有其他证据印证，达到确实、充分的证明标准。

（二）刑事追究

1. 关于从重处理的情形

《意见》第十条从醉驾后果、行为危险性、行为人主观恶性等方面，规定了十四项从重处理情形及一项兜底条款。

(1) 关于造成交通事故且负事故全部或者主要责任的情形。该项保留了《2013年意见》的规定。理解该项规定，主要注意两点：一是刑法上的因果关系是认定行为人承担刑事责任的基础。尽管交通管理部门出具的交通事故认定书是认定行为人事故责任的重要依据，但仍有必要对交通事故认定书进行实质审查。若事故对方过错行为是导致事故发生的主要乃至全部原因，不能仅因行为人醉驾（没有其他道路交通违法行为导致事故发生），就加重评定其负事故全部或者主要责任。二是交通事故范围一般限于造成他人人身伤亡或者公私财产损失，对造成单方事故，仅致本人受伤或者财产损失的，其已为自己的违法行为付出代价，从法理情相融合的角度，可考虑不对其从重处理。造成他人受伤或者公私财产损失，不以达到何种受伤程度或者损失数额为前提，程度和数额仅对量刑产生影响。

（2）关于造成交通事故后逃逸的情形。该项保留了《2013年意见》的规定。理解该项规定的“逃逸”，原则上应与交通肇事罪的“逃逸”概念保持一致，主要注意两点：一是行为人主观上认识到发生事故的可能性即可，不要求对事故细节都有具体认识。二是行为客观上表现为逃跑、躲避，没有时间和场所的限定，包括但不限于：逃离事故现场；留在现场但藏匿在人群中不配合交通管理部门调查；将伤者送至医院后逃跑；等等。

（3）关于未取得机动车驾驶证驾驶汽车的情形。该项适当限缩了《2013年意见》关于“无驾驶资格驾驶机动车”的规定，以突出打击重点。理解该项规定，主要注意三点：一是为统一执法司法标准，“未取得机动车驾驶证”是指自始未取得与所驾汽车车型相符的机动车驾驶证，不包括驾驶证被吊销、暂扣或者注销的情形；对采取欺骗、贿赂等不正当手段取得机动车驾驶证导致驾驶证被撤销的，视为自始未取得机动车驾驶证。二是汽车的范围，参照《道路交通管理机动车类型》（GA 802—2019）认定，不包括摩托车、挂车等车型。三是持有军队、武装警察部队机动车驾驶证未换领地方驾驶证，境外中国公民回国（入境）后持境外驾驶证未换领中国驾驶证，驾驶对应准驾车型汽车的，行政上一般按照“未取得机动车驾驶证”处理，但是否作为该项规定的从重处理情形认定，实践中存在争议，可不予从重处理。

(4) 关于严重超员、超载、超速驾驶的情形。该项保留了《2013年意见》的规定。理解该项规定，主要注意三点：一是原则上参照道路交通安全法第九十二条、第九十九条的规定，“严重超员”是指超过额定乘员百分之二十；“严重超载”是指超过核定载质量百分之三十；“严重超速”是指超过规定时速百分之五十。二是考虑到路况、车辆类型差别较大，特殊情形下可适当提高比例。例如，摩托车类型不同，是否允许载人以及准载人数也不同，驾驶摩托车超员1人的，一般不宜认定为严重超员。又如，在限速15公里/小时的辅路、二轮车专用道等路段驾驶，行驶速度未超过30公里/小时的，一般不宜认定为严重超速。三是认定严重超速，一般以机动车实际行驶道路的最高限速标志为基准，采取将行为人信息录入公安交通管理综合应用平台的方式，核查其在醉驾过程中是否被交通技术监控设备记录超速违法行为，不需要调取所有行驶路段监控设备进行核查，有争议的除外。

(5) 关于服用国家规定管制的精神药品或者麻醉药品后驾驶的情形。该项为《意见》新增规定。理解该项规定，主要注意三点：一是该情形既包括非法服用国家管制的精神药品或者麻醉药品后驾车（俗称“毒驾”），也包括合法服用国家管制的精神药品或者麻醉药品后驾车（俗称“药驾”）。二是国家规定管制的精神药品、麻醉药品品种，以有关部门发布的管制目录为准。同时兼顾执法实际，检测的精神药品、麻醉药品，不要求覆盖目录列管的所有品种。三是检验“毒驾”“药驾”，按照有关国家标准、行业标准进行。实践中发现有影响安全驾驶的“毒驾”“药驾”嫌疑，多采用唾液或者尿液现场检测进行初筛，再提取血液样本送检的方式确认。

(6) 关于驾驶机动车从事客运活动且载有乘客的情形。该项适当扩大了《2013年意见》关于“驾驶载有乘客的营运机动车”的规定，以顺应社会交通发展。理解该项规定，主要注意两点：一是“客运活动”是指以营利为目的使用机动车运送旅客的活动，既包括依法取得营运许可的客运活动，也包括未取得营运许可的客运活动。客运活动具有公共性、营利性的特点，同事朋友间使用私家车“拼车”、单位组织非营利性质的内部班车接送员工等客运活动，不属于该项规定的客运活动范围。二是“载有乘客”是指醉驾时实际载有乘客，包括查获时载有乘客，以及乘客下车之后被查获的情形。

(7) 关于驾驶机动车从事校车业务且载有师生的情形。该项为《意见》新增规定。理解该项规定，主要注意两点：一是“校车业务”是指学校、幼儿园以及其他教育机构、校车服务提供者使用机动车，或者他人以营利为目的使用机动车，接送学生或者学龄前幼儿上下学的活动；为组织活动而使用机动车接送学生或者学龄前幼儿的，视为从事校车业务。在主体方面，为防止打击面过宽，对一般主体设有“以营利为目的”的条件限制，将家长自行组织驾驶私家车，“拼车”接送孩子上下学的情形排除在外；在车型方面，涵盖所有机动车，既包括合规专用校车，也包括非专用校车；在业务方面，既包括接送上下学，也包括组织活动。二是“载有师生”包括载有老师和学生、幼儿，或者仅载有一方的情形。

(8) 关于在高速公路上驾驶的情形。该项保留了《2013 年意见》的部分规定，并删除了“城市快速路”的规定，以突出打击重点。理解该项规定，主要注意两点：一是为统一执法司法标准，结合行为人主观认知，一般以高速公路收费站作为地方道路与高速公路的分界点；没有设置收费站或者不收费的高速公路路段，结合该路段设计文件、管理和运行方式、路标等认定；同时设置高速公路和城市快速路标志的路段，从有利于被告人原则角度考虑，认定为城市快速路。二是对于仅在高速公路服务区或者停车区内驾驶的，不属于在高速公路上驾驶。

(9) 关于驾驶重型载货汽车的情形。该项为《意见》新增规定。按照《道路交通管理机动车类型》(GA 802—2019) 对机动车规格的分类，重型载货汽车是指总质量大于或者等于12000千克的载货汽车；审查时，无须考虑该车是否实际载货。

(10) 关于运输危险化学品、危险货物的情形。该项为《意见》新增规定。理解该项规定，主要注意两点：一是危险化学品按照《危险化学品安全管理条例》界定，具体列于《危险化学品目录》；危险货物按照《道路危险货物运输管理规定》界定，具体列于《危险货物道路运输规则》(JT/T 617)，未列入《危险货物道路运输规则》的，以有关法律、行政法规的规定或者国务院有关部门公布的结果为准。二是运输危险化学品、危险货物是指行为，不是指车型，既包括使用专用运输车辆，也包括使用其他机动车运输危险化学品、危险货物的情形。

(11) 关于逃避、阻碍公安机关依法检查的情形。该项保留了《2013年意见》的部分规定，删除了“拒绝”公安机关依法检查的情形。主要考虑是，对于行为人只是短时间不开车窗、车门，不配合或者拒绝呼气检测，经口头警告即配合呼气检测的，抗拒程度较轻且事后改正，可不予从重处理。理解该项规定，主要注意两点：一是对尚不构成其他犯罪的逃避、阻碍情形的把握。“逃避”通常表现为看见或者察觉到前方执法人员正在进行依法检查，掉转车头逃跑、弃车逃跑、更换驾驶人、与执法人员或者执法设备无接触的一般驾车闯卡行为，为逃避法律追究大量饮水或者再次饮酒等行为。“阻碍”通常表现为抗拒检查行为，如不配合呼气检测导致未能读取有效呼气检测结果，不配合提取血液样本导致强制抽血，抢夺呼气检测仪器或者血液样本、取血设备，围堵、推搡、抓挠、挣脱执法人员等轻微肢体冲突行为，轻微辱骂、讽刺等言语攻击行为，等等。二是“逃避”“阻碍”情节恶劣，符合刑法第二百七十七条规定的，行为人可能构成妨害公务罪、袭警罪。判断情节是否恶劣，需要综合考虑暴力、威胁手段的严重程度，是否导致依法执行职务的活动无法正常进行等因素。认定为情节恶劣的情形一般有：对执法人员以杀害、伤害、毁坏财产、损坏名誉相威胁；实施拳击、踢打、抱摔、撕咬、投掷物品等较为严重的人身攻击行为，打砸、毁坏执法设备，抢夺警用装备，驾车冲撞执法人员或者车辆、栏杆等执法设备，造成执法人员受伤、财物受损或者多人围观、交通堵塞等恶劣社会影响；等等。

(12) 关于实施威胁、打击报复、引诱、贿买证人、鉴定人等人员或者毁灭、伪造证据等妨害司法行为的情形。该项为《意见》新增规定。理解该项规定，主要注意两点：一是因实践中情形复杂多样，难以一一列举，此项规定的两处“等”字，是包括但不限于的意思，关键在于行为人主观上是否为了逃避法律追究，客观上是否妨害司法。常见的情形有：采取威胁、打击报复、引诱、贿买等方式，强迫、指使被害人、证人、鉴定人等人员，违背事实作出虚假陈述、证言、鉴定意见，或者导致上述人员不胜其扰甚至不敢作证；自行或者强迫、指使他人毁灭、伪造、隐匿证据；强迫、指使、配合他人顶罪；隐瞒真实身份；等等。二是此类行为如果情节严重，符合刑法第三百零五条、第三百零七条、第三百一十条等规定的，醉驾者可能构成妨害作证罪，其他人员可能构成伪证罪，包庇罪或者帮助毁灭、伪造证据罪等罪。判断情节是否严重，一般以是否导致刑事诉讼活动受到实质性影响为标准，例如，关键证据灭失不可补，该立案而未立案、难立案，错误立案、起诉、审判，等等。

(13) 关于二年内曾因饮酒后驾驶机动车被查获或者受过行政处罚的情形。该项修改完善了《2013年意见》关于“曾因酒后驾驶机动车受过行政处罚”的规定。理解该项规定，主要注意四点：一是增加了“二年内”的期限限制，体现严中有宽的政策精神。二是有的行为人因饮酒后驾驶机动车被查获，尚未作出行政处罚或者系无证驾驶而未能作出暂扣、吊销机动车驾驶证的行政处罚，又醉驾的，反映其不思悔改，故增加规定对此种情形也应从重处理。三是醉驾属于严重的饮酒后驾驶机动车行为，故此项规定包括醉驾被查获或者受过行政处罚的情形。四是从统一执法司法标准和有利于被告人角度考虑，“二年”自其实施上一次饮酒后驾驶机动车行为之日起计算。

(14) 关于五年内曾因危险驾驶行为被判决有罪或者作相对不起诉的情形。该项修改完善了《2013 年意见》关于“曾因酒后驾驶机动车受过刑事追究”的规定。理解该项规定，主要注意三点：一是增加了“五年内”的期限限制，体现严中有宽的政策精神。二是行为类型包括刑法第一百三十三条之一第一款规定的四项危险驾驶行为。三是从统一执法司法标准和有利于被告人角度考虑，“五年”自其实施上一次危险驾驶行为之日起计算。

(15) 关于其他需要从重处理的情形。对该项兜底条款应严格解释、慎重适用，一般不应结合《意见》第十二条规定适用，避免不当扩大入罪范围。在缓刑考验期、取保候审、监视居住等期间醉驾的，可依法撤销缓刑、变更强制措施。

2. 关于从宽处理的情形

《意见》第十一条规定了三项从宽处理情形，包括自首、坦白、立功；自愿认罪认罚；造成交通事故，赔偿损失或者取得谅解。这些均是刑法、刑事诉讼法已作出规定且司法实践中常用的法定、酌定从宽处理情形。第四项是兜底条款，用于其他法定、酌定从宽处理情形，例如中止犯、未成年犯、在校大学生、怀孕或者正在哺乳自己婴儿的妇女，涉及国家重大利益，等等。对某一具体案件是否适用兜底条款，以是否有利于全面准确贯彻宽严相济刑事政策，是否有利于实现案件办理“三个效果”有机统一为原则。

3. 关于情节显著轻微、危害不大的情形

《意见》第十二条第一款按照“先加后减”的起草思路，从实践中总结出三类常见的醉驾情节一般的情形予以类型化，再排除其具有《意见》第十条规定的造成交通事故、危险程度高、主观恶性深等从重处理情形，剩下的即可认定为情节显著轻微、危害不大。其中，第一类是醉酒程度一般的情形，即血液酒精含量达到 80 毫克/100 毫升且不满 150 毫克/100 毫升；第二类是紧急情况醉驾的情形；第三类是短距离醉驾的情形，后两类均无须考虑醉酒程度。《意见》第十二条第二款在第二类的基础上，规定了醉驾构成紧急避险的情形。

（1）紧急情况驾驶类。具体分为两种。

一是构成紧急避险的，按照《意见》第十二条第二款处理。理解该款规定，主要注意以下三点。

其一，准确定性。醉驾型紧急避险，是指行为人为保护一方免受正在发生的危险，不得已在道路上醉驾，危及乃至损害道路交通安全的情形。常见的情形是急救伤病人员，也有逃避他人追杀、夺回被盗抢财物、帮助抓捕逃犯等特殊情形。以急救伤病人员为例，该情形构成紧急避险须具备以下两方面要素：一方面是危险达到紧急程度，即以一般人的认知并结合行为人所处情境，认为患者病情严重，确有紧急送医必要；另一方面是避险行为的不得已性，即行为人醉驾是当时唯一可供选择的手段，没有借助其他手段的条件，例如地处偏僻，无法雇请代驾人员，不能向其他在场或者附近人员求助，120 急救中心派车时间较长，可能延误抢救时机，给患者带来生命危险，等等。

其二，把握限度。根据刑法第二十一条的规定，紧急避险造成损害的，不负刑事责任；超过必要限度造成不应有的损害的，应当负刑事责任，但是应当减轻或者免除处罚。对造成交通事故致他人轻微伤，或者公私财产受损但能赔偿损失的，一般不宜认定超过必要限度。

其三，与认定情节显著轻微不同，无须排除《意见》第十条规定的从重处理情形。

二是对不构成紧急避险的，按照《意见》第十二条第一款第二项处理。亦以急救伤病人员为例，对患者病情不够严重、无须紧急送医，或者有借助其他方式的条件而选择醉驾的，因不符合危险程度的紧急性、避险行为的不得已性而不构成紧急避险。但考虑行为人有避险意图，系一时情急实施的醉驾行为，虽不构成紧急避险，也可予以从宽处理。

（2）短距离驾驶类。具体分为两种：一是《意见》第十二条第一款第三项规定的在居民小区、停车场等场所因挪车、停车入位等短距离驾驶机动车的情形。二是《意见》第十二条第一款第四项规定的由他人驾驶至居民小区、停车场等场所短距离接替驾驶停放机动车，或者为了交由他人驾驶，自居民小区、停车场等场所短距离驶出的情形。该类情形下，行为人对醉驾行为的违法性和危险性有一定认识，驾驶的动机和目的并非上道路长距离行驶，通常雇请了代驾人员或者委托亲友代为驾驶，为与对方交接车辆而短距离驾车，或者因车辆停放位置不当而短距离挪车、停车入位，可予以从宽处理。认定该类情形，要重点考察行为人驾驶的动机和目的，场所、短距离的认定也应以此展开。若醉酒后打算自己驾车上道路长距离行驶，在居民小区、停车场等场所发动车辆起步、掉头时被查获，虽然行驶距离很短，也不属于该类情形；若打算交由他人驾驶，因居民小区、停车场较大或者路况复杂，向代驾人员、亲友说不清交接地点，自行驾车数百米，也可认定为短距离驾驶。在居民小区、停车场以外其他场所的道路醉驾的，若行为人驾驶的动机和目的符合该类情形，也可适用该款规定。

《意见》第十二条第一款第五项规定的兜底条款，与《意见》第十条规定的兜底条款一样，原则上也应严格解释、慎重适用，避免不当扩大出罪范围。需要说明的是，不管何种情形，有确实、充分的证据证明犯罪嫌疑人醉驾，其在移送审查起诉前拒不承认醉驾事实的，不能认定为情节显著轻微。

4. 关于犯罪情节轻微的情形

《意见》第十三条规定，对公安机关移送审查起诉的醉驾案件，人民检察院综合考虑犯罪嫌疑人驾驶的动机和目的、醉酒程度、机动车类型、道路情况、行驶时间、速度、距离以及认罪悔罪表现等因素，认为属于犯罪情节轻微的，依照刑法第三十七条、刑事诉讼法第一百七十七条第二款的规定处理。理解该条规定，主要注意两点：一是该规定较为原则，适用的情形一般应重于《意见》第十二条规定的情节显著轻微的情形、轻于《意见》第十四条规定的一般不适用缓刑的情形。常见的情形有：醉酒程度一般，同时具有《意见》第十条规定的从重处理情形，但情节较轻；符合紧急情况驾驶尚不构成紧急避险或者短距离驾驶类，同时具有《意见》第十条规定的从重处理情形；紧急避险超过必要限度不多；等等。二是对检察机关起诉的醉驾案件，人民法院经审查认为符合该条规定的，亦可依照刑法第三十七条的规定，对被告人免予刑事处罚。

5. 关于缓刑适用标准

《意见》第十四条从正反两方面规定了缓刑适用标准。首先，从正面规定对符合刑法第七十二条规定的醉驾被告人，依法宣告缓刑，强调刑法总则关于缓刑的规定是醉驾案件适用缓刑的基本原则。对醉驾同时符合犯罪情节较轻、有悔罪表现、没有再犯罪的危险、宣告缓刑对所居住社区没有重大不良影响这四项条件，该宣告缓刑的，应依法宣告缓刑。

其次，从反面规定了九项一般不适用缓刑的情形以及一项兜底条款，体现了从严惩处醉驾的精神。其中，四种情形与《意见》第十条规定的从重处理情形一致，即造成交通事故后逃逸、未取得机动车驾驶证驾驶汽车、服用国家规定管制的精神药品或者麻醉药品后驾驶、实施妨害司法行为。五种情形系《意见》第十条规定的从重处理情形中更要体现从严惩处的情形：一是造成交通事故的后果较为严重，达到致他人轻微伤或者轻伤的程度；二是造成交通事故后未赔偿损失，需要注意的是“未赔偿损失”不包括事故对方不要求赔偿，以及被告人愿意赔偿，但事故对方漫天要价、拒绝提供损失证明等情形；三是逃避、阻碍公安机关依法检查的手段恶劣，具有暴力性；四是五年内曾因饮酒后驾驶机动车被查获或者受过行政处罚，时限从二年延长至五年；五是曾因危险驾驶行为被判决有罪或者作相对不起诉，没有时间限制要求。还有一种情形系醉酒程度较高，血液酒精含量超过180毫克/100毫升。对于兜底条款，原则上也应严格解释、慎重适用，避免不当扩大不适用缓刑的范围。同时，要注意将正反两方面规定结合理解，“一般不适用”不是“一律不适用”，具体案件能否适用缓刑，以刑法第七十二条规定为“总指挥”。

6. 关于《意见》第十条、第十二条、第十四条的关系问题

《意见》第十条规定了从重处理情形，第十二条规定了认定情节显著轻微的情形，第十四条规定了缓刑适用标准。其中，第十二条引用了第十条，第十四条与第十条的部分规定重合。有意见认为，在入罪时适用第十条，在量刑时就不能对同一情形再适用第十四条，否则就是重复评价。例如，被告人在道路上醉酒驾驶机动车，血液酒精含量为90毫克/100毫升，因不满150毫克/100毫升，醉酒程度符合《意见》第十二条第一款第一项的规定，但采取暴力手段抗拒警察依法检查，具有《意见》第十条第十一项规定的情形，构成危险驾驶罪，在量刑时不能再适用《意见》第十四条第七项的规定对其不适用缓刑。

上述意见并不准确，是对第十条规定的不当理解。从立法表述看，

若规定“血液酒精含量不满150毫克/100毫升，且具有第十条规定的情形之一的，构成危险驾驶罪”，则第十条规定的情形属于入罪标准、定罪情节。但第十条并未如此规定，而是表述为“醉驾具有下列情形之一，尚不构成其他犯罪的，从重处理”，且非惯常表述的从重处“罚”，一字之差旨在提示该条具有双重作用。一是结合《意见》第十二条规定起反向排除作用，将那些反映醉驾情节严重的情形排除在认定为情节显著轻微之外，处理上体现从严立案。不能因为结合第十二条适用，就认为该条规定属于入罪标准、定罪情节。二是量刑时起从重处罚作用。第十四条只是从中挑出一些更需体现从严惩处的情形，规定一般不适用缓刑，同时符合第十条、第十四条规定的，可以“一通到底”，直接适用第十四条，不属于重复评价。

需要说明的是，在上述例子中，若被告人暴力抗拒警察依法检查的情节在不认定醉驾情节显著轻微时被评价过一次，从而认为构成危险驾驶罪，又因该情节恶劣被评价构成袭警罪的，应择一重罪论处，即以袭警罪一罪定罪。若被告人同时具有严重超速情节，则可将严重超速情节在不认定醉驾情节显著轻微时评价，将袭警情节单独评价，对被告人以危险驾驶罪、袭警罪数罪并罚。

7. 关于“逆向情节”并存的处理

对被告人同时具有《意见》第十条、第十一条、第十四条规定的从重、从宽处理或者一般不适用缓刑的情形，应如何处理，《意见》未作出明确规定，主要是考虑同时具有“逆向情节”的情形比较复杂，有多种排列组合，即便作出规定也难以细化。对此，可参照《最高人民法院关于贯彻宽严相济刑事政策的若干意见》（法发〔2010〕9号）第二十八条所作原则性规定，即“对于被告人同时具有法定、酌定从严和法定、酌定从宽处罚情节的案件，要在全面考察犯罪的事实、性质、情节和对社会危害程度的基础上，结合被告人的主观恶性、人身危险性、社会治安状况等因素，综合作出分析判断，总体从严，或者总体从宽。”换言之，办理醉驾案件，需要全面准确考察被告人驾驶的动机和目的、醉酒程度、机动车类型、道路情况、行驶时间、速度、距离、后果以及认罪悔罪表现等因素。对造成交通事故且不思悔改的再次醉驾者，总体从严处理，该严惩的依法严惩，该判处实刑的依法判处实刑；对未造成交通事故且自愿认罪认罚的初次醉驾者，总体从宽处理，可轻判的依法轻判，可宣告缓刑或者免予刑事处罚的，依法宣告缓刑或者免予刑事处罚，给予被告人改过自新的机会。

8. 关于判处罚金的标准

《2013 年意见》关于判处罚金的规定较为原则，各地判处罚金的数额标准不够统一。《最高人民法院关于适用财产刑若干问题的规定》（法释〔2000〕45 号）第二条规定：“人民法院应当根据犯罪情节，如违法所得数额、造成损失的大小等，并综合考虑犯罪分子缴纳罚金的能力，依法判处罚金。刑法没有明确规定罚金数额标准的，罚金的最低数额不能少于一千元。”据此，《意见》第十五条规定，对醉驾被告人判处罚金，应当根据醉驾行为、实际损害后果等犯罪情节，综合考虑被告人缴纳罚金的能力，确定与主刑相适应的罚金数额。考虑醉驾属于严重的饮酒后驾驶机动车，在判处罚金的起刑点上，一般不应低于道路交通安全法规定的饮酒后驾驶机动车相应情形的罚款数额，即饮酒后驾驶机动车或者再次饮酒后驾驶机动车的，处一千元以上二千元以下罚款；饮酒后驾驶营运机动车的，处五千元罚款。为避免过度判罚以及不同地域罚金数额差别过大，设置了数额上限，规定每增加一个月拘役，增加一千元至五千元罚金。

需要说明的问题是，醉驾案件中罚款与罚金的折抵问题。按照“一事不二罚”的原则，《最高人民法院关于适用〈中华人民共和国刑事诉讼法〉的解释》（法释〔2021〕1 号）第五百二十三条第二款规定，行政机关对被告人就同一事实已经处以罚款的，人民法院判处罚金时应当折抵，扣除行政处罚已执行的部分。具体到醉驾案件中，公安机关因醉驾行为本身已对被告人处以罚款的，人民法院判处罚金时应予折抵；公安机关是因未取得机动车驾驶证驾驶汽车、严重超员、超载、超速等其他行政违法行为而罚款的，人民法院判处罚金时则需区分三种情形，决定是否折抵。一是其他违法行为在入罪时被作为从重处理情形予以考虑的，应予折抵；二是其他行政违法行为被作为量刑情节予以考虑，因此，增加罚金数额的，应予折抵；三是其他行政违法行为未被作为量刑情节考虑，未因此增加罚金数额的，不予折抵。醉驾案件中行政拘留与拘役的折抵，也应按照上述情形分别处理。

9. 关于罪数的处理

醉驾具有高度危险性，易发生交通事故。行为人明知在道路上醉驾具有危险性，为实现通行目的而放任这种危险状态的发生，造成交通事故的，一般对后果持过失心态，但在肇事后出于逃逸等目的继续驾车行驶，以致再次肇事，造成重大伤亡的，其主观心态已从过失转变为放任。根据主客观情况不同，相应适用不同的罪名。一般情况下，对一次肇事的，根据后果严重程度、所负事故责任大小不同，分别构成危险驾驶罪、交通肇事罪；对二次以上肇事的，根据后果严重程度、行为人主观心态不同，分别构成过失以危险方法危害公共安全罪、以危险方法危害公共安全罪。《意见》第十六条第一款规定，醉驾同时构成其他犯罪的，择一重罪定罪并从严追究刑事责任，体现了对严重醉驾犯罪的从严惩处精神，也是系统治理醉驾，使“轻者更轻、重者更重”的应有之义。

《意见》第十六条第二款规定，醉酒驾驶机动车，以暴力、威胁方法阻碍公安机关依法检查，又构成妨害公务罪、袭警罪等其他犯罪的，依照数罪并罚的规定处罚。该款在《2013 年意见》基础上，根据刑法修正情况，增加了袭警罪。需要说明的两个问题：一是妨害公务罪与袭警罪的区别，主要在于对象不同，手段也不完全相同。警务辅助人员（以下简称辅警）在人民警察的指挥和监督下开展辅助性工作，不属于人民警察，不能独立成为袭警罪的对象。只暴力袭击正在依法执行职务的辅警，可构成妨害公务罪；同时袭击警察、辅警的，可以按照袭警罪一罪从重处罚。二是被告人采取驾车冲撞的方式抗拒公安机关依法检查的，是以妨害公务罪或者袭警罪一罪论处，还是与危险驾驶罪数罪并罚，实践中存在争议。经研究，危险驾驶罪与妨害公务罪、袭警罪侵犯的客体不同，前者危害公共安全，后者扰乱公共秩序，以一罪论处难以评价两种不同性质的驾车行为和主观心态，以数罪论处更为恰当。

10. 关于自动投案的认定

《意见》第十七条对醉驾案件中常见的两种归案情形是否认定为自动投案作了规定。

一是对于醉驾被现场查获后经允许离开，再经公安机关通知到案或者主动到案，明确不认定为自动投案。这主要是考虑办理醉驾案件具有特殊性。按照公安机关办案流程，一般是先对行为人进行呼气检测，达到80毫克/100毫升的醉酒标准后，再抽血送检，若行为人承诺听候下一步处理指令，办案人员常告知其回家等待血检结果，若血检结果显示达到醉酒标准，拟作或者已作刑事立案的，再电话通知其到案。此种情形下，行为人的犯罪事实已被发觉，本人也已查获到案，只不过办案人员出于进一步查清事实、需要确定行为性质系犯罪而非行政违法等因素考虑，附条件地允许其暂时脱离控制，其接到公安机关电话通知后到案，属于按指令再次归案。即便行为人主动到公安机关等待血检结果，等候下一步处置，也不宜评价其到案具有主动性、自动性。而且，若将此种情形认定为自动投案，对其他被警方约束至血检结果出来的行为人而言，则失去认定自动投案的机会，显失公平。

二是参照《最高人民法院关于处理自首和立功若干具体问题的意见》（法发〔2010〕60号）有关交通肇事认定自动投案的规定，明确对于造成交通事故后保护现场、抢救伤者，向公安机关报告并配合调查的，应当认定为自动投案，并针对实践中有的行为人不配合公安机关调查其是否醉酒的情况，增加"配合调查"的条件限制。

11. 关于行刑衔接的问题

在以往道路交通执法实践中，对饮酒、醉酒作了严格区分，前者是指血液酒精含量达到20毫克/100毫升不满80毫克/100毫升，后者是指血液酒精含量达到80毫克/100毫升以上，对饮酒后驾驶、醉酒驾驶的，分别依照道路交通安全法第九十一条的相应规定处罚。对醉驾未被追究刑事责任的，仅处以吊销机动车驾驶证的行政处罚。而对饮酒后驾驶机动车的，在暂扣机动车驾驶证的同时，并处罚款；对饮酒后驾驶营运机动车，或者再次饮酒后驾驶机动车的，在吊销机动车驾驶证的同时，并处罚款、行政拘留。故醉驾未被追究刑事责任的，被诟病受到的处罚还不如情节更轻微的饮酒后驾驶行为。经研究，不管是从行为严重程度与法律责任相适应的角度，还是从构建行政执法与刑事司法相互衔接的科学治理醉驾体系层面考虑，均应调整过去的做法。故《意见》第二十条明确提出"醉驾属于严重的饮酒后驾驶机动车行为"，既符合法律逻辑，也畅通行刑衔接，从而对未被追究刑事责任、免予刑事处罚的醉驾者应当按照道路交通安全法规定的饮酒后驾驶机动车相应情形，给予罚款、行政拘留的行政处罚。

（三）快速办理

《意见》第二十一条至第二十六条规定了醉驾案件快速办理的相关程序规则，包括适用快速办理机制的案件范围、办案期限、"换保"手续、调查评估、文书简化、线上办案等方面内容。根据醉驾案件情况，实行分类处理，解决影响办案效率的突出问题，从而实现案件优质高效办理。以下重点说明两个问题。

1. 关于“换保”手续

对醉驾案件移送至审查起诉或者审判阶段，符合取保候审条件的，是否一律重新作出取保候审决定并重新办理手续，实践中存在争议。经慎重研究，《意见》第二十四条规定，案件移送至审查起诉或者审判阶段时，取保候审期限尚未届满且符合取保候审条件的，受案机关可以不再重新作出取保候审决定，由公安机关继续执行原取保候审措施，从而解决了形式化重复取保候审的问题，提高了办案效率。

2. 关于调查评估

醉驾案件数量大，被告人大多无前科劣迹，到案后认罪悔罪，若对拟宣告缓刑的被告人一律进行调查评估，既无必要也影响办案效率。根据社区矫正法第十八条的规定，社区矫正决定机关根据需要，可以委托而不是必须委托社区矫正机构或者有关社会组织对被告人进行调查评估；根据《人民检察院刑事诉讼规则》（高检发释字〔2019〕4号）第二百七十七条、《最高人民法院关于适用〈中华人民共和国刑事诉讼法〉的解释》（法释〔2021〕1号）第二百八十二条的规定，对拟提出适用缓刑量刑建议的，也是“可以”或者“一般应当”调查评估。可见，调查评估是人民法院宣告缓刑的重要参考，但非必经程序。故《意见》第二十五条规定，“对醉驾被告人拟提出缓刑量刑建议或者宣告缓刑的，一般可以不进行调查评估”，从而极大地提高了办案效率。但对于“确有必要的，应当及时委托社区矫正机构或者有关社会组织进行调查评估”。这里的“确有必要”，一般指被告人家庭和社会关系复杂，有前科劣迹，宣告缓刑对其居住社区是否产生重大不良影响难以判断，应当按照相关规定进行调查评估，以确定宣告缓刑是否适当。

（四）综合治理

《意见》第二十七条至第二十九条分别从普法宣传、协同治理和教育改造等方面对执法司法部门加强醉驾综合治理提出要求。醉驾既是执法司法问题，要抓末端、治已病，更是社会治理问题，要抓前端、治未病。刑罚只是社会治理的手段之一，源头治理才是治本之策。要通过强化综合治理，推动治理模式由重事后惩罚向重事前预防转型。例如，全方位、多层次地开展禁酒驾醉驾宣传工作，引导社会公众培养规则意识，养成守法习惯；及时梳理总结办案中发现的问题，充分运用司法建议、检察建议、提示函等机制，加强部门协作，共同堵塞管理漏洞；切实规范、鼓励代驾行业发展，增加就业人员，降低雇请代驾成本；把现代化科技作为推进醉驾治理现代化的重要抓手，加大交通技术监控覆盖面，让违法行为无所遁形，利用大数据分析事故多发易发路段时段，科学调度警力，形成足够威慑；鼓励醉驾行为人从事交通志愿服务、社区公益服务，提升守法意识和社会责任感；加强对醉驾服刑人员、社区矫正对象的教育改造、矫正矫治，帮助其成为守法公民；等等。实践证明，从源头上预防和减少酒后驾驶行为发生，比单纯严惩重判效果更好。

（来源：《人民司法》2024 年第 13 期）

指导案例、典型案例与解读

涉“毒”必严、涉“瘾”必惩、涉“末”必重！最高人民法院发布10件典型案例

（2024年6月25日）

案例一

白某日走私、贩卖毒品、组织他人偷越国（边）境、非法拘禁案

——组成犯罪团伙并组织、指挥他人大肆走私、贩卖毒品，罪行极其严重，被依法严惩

一、基本案情

被告人白某日，男，1981年12月25日出生，无业。

2017年7月，被告人白某日招募多人组成犯罪团伙盘踞在境外，向国内走私、贩卖毒品。白某日犯罪团伙在境外多地建立吞毒点，利用互联网发布虚假招工信息，诱骗、招募和组织曹某（同案被告人，已判刑）、韩某宇（未成年人，已另案判刑）等数十人从境内偷渡至境

外，并集中在上述吞毒点看管，以暴力或者限制人身自由、扣押手机和身份证等手段逼迫上述人员吞下包装好的海洛因，采用体内藏毒等方式走私毒品入境并运往云南省昆明市、四川省成都市等地贩卖。白某日还安排人员在昆明市、成都市等地建立多个排毒点，用于接应走私毒品入境的吞毒人员、接收毒品并交予下家。白某日负责该犯罪团伙全部犯罪活动，包括组织毒品货源及销路，对资金、人员进行管理等。截至 2018 年 8 月，白某日犯罪团伙多次组织他人向国内走私、贩卖海洛因累计 2 万余克。

二、裁判结果

本案由四川省成都市中级人民法院一审，四川省高级人民法院二审。最高人民法院进行死刑复核。

法院认为，被告人白某日违反国家毒品管理规定，伙同他人走私、贩卖海洛因，其行为构成走私、贩卖毒品罪；非法组织他人偷越国（边）境，其行为构成组织他人偷越国（边）境罪；非法限制他人人身自由，其行为构成非法拘禁罪，应依法并罚。白某日走私、贩卖毒品数量大，罪行极其严重，系共同犯罪中地位和作用最为突出的主犯，且利用未成年人走私毒品，应依法从重处罚。据此，依法对被告人白某日以走私、贩卖毒品罪判处（核准）死刑，剥夺政治权利终身，并处没收个人全部财产。

罪犯白某日已于 2024 年 4 月 30 日被依法执行死刑。

三、典型意义

走私、大宗贩卖毒品等源头性毒品犯罪历来是打击重点，人民法院在审理此类案件时，始终坚持依法从严惩处的方针，对于走私、大宗贩卖毒品犯罪团伙中罪行极其严重的犯罪分子，符合判处死刑条件的，坚决依法判处。本案是境外犯罪团伙将毒品走私入境并贩卖的跨境毒品犯罪。参与人员众多，涉案毒品数量巨大。被告人白某日组成犯罪团伙，组织数十人将大量海洛因走私入境贩卖，特别是诱骗并拘禁逼迫未成年人走私毒品，应依法从重处罚。对白某日判处死刑，体现了对毒品犯罪团伙中罪责最为严重的犯罪分子的严厉惩处，充分发挥了刑罚的功能作用。此案也提醒广大社会公众特别是青年群体，不要轻易被“高薪”蒙蔽双眼，应审慎识别招工信息，理性求职，增强自我保护意识。

案例二

李某红贩卖、运输毒品案

——因病被暂予监外执行期间纠集他人跨省贩运毒品，罪行极其严重，被依法严惩

一、基本案情

被告人李某红，男，1976年7月9日出生，无业。曾因犯寻衅滋事罪被判处有期徒刑一年六个月，犯抢劫罪、故意伤害罪被判处有期徒刑七年，并处罚金人民币五千元；2018年3月6日因犯非法买卖制毒物品罪被判处有期徒刑四年，并处罚金人民币三万元，2019年4月26日因病被暂予监外执行。

2021年10月，被告人李某红在因病被暂予监外执行期间，与女友孙某芸（同案被告人，已判刑）共谋从云南省购买毒品运回湖南省张家界市贩卖。李某红联系毒品上家，亲自或指使孙某芸向上家支付毒资，并雇用孙某、黄某念（同案被告人，均已判刑）前往云南运输毒品。同年10月29日，公安机关在云南省景洪市将接取到毒品的孙某、黄某念抓获，并从二人驾驶的越野车内查获甲基苯丙胺（冰毒）5包，

共计4959克。

二、裁判结果

本案经湖南省张家界市中级人民法院一审，湖南省高级人民法院二审。最高人民法院进行死刑复核。

法院认为，被告人李某红违反国家毒品管理规定，贩卖、运输甲基苯丙胺，其行为已构成贩卖、运输毒品罪。李某红贩卖、运输毒品数量大，社会危害严重。李某红在共同犯罪中系地位、作用最为突出的主犯，且在暂予监外执行期间又犯新罪，主观恶性深，人身危险性大，应当撤销暂予监外执行的决定，依法予以并罚。据此，依法对被告人李某红判处（核准）死刑，剥夺政治权利终身，并处没收个人全部财产。

罪犯李某红已于2023年10月26日被依法执行死刑。

三、典型意义

近年来，严重疾病患者等特定人员参与毒品犯罪的情况时有发生。对于此类犯罪，人民法院坚持区别对待的方针。对于利用自身特殊状况积极实施毒品犯罪，或者在取保候审、监视居住以及暂予监外执行期间实施毒品犯罪的人员，依法从严惩处。本案被告人李某红曾因犯罪3次被判刑，其不仅无悔罪表现，反而在因病被暂予监外执行期间又纠集他人跨省贩卖、运输毒品，罪行极其严重，且难堪改造。人民法院根据李某红犯罪的事实、性质、情节和对于社会的危害程度，依法对其适用死刑，体现了对主观恶性深、人身危险性大的毒品犯罪分子严厉惩处的决心。

案例三

黄某彬贩卖毒品案

——利用、教唆未成年人贩卖毒品，被依法严惩

一、基本案情

被告人黄某彬，男，1980 年 5 月 12 日出生，无业。2002 年因犯非法拘禁罪被判处拘役四个月十五天；2015 年 6 月 4 日因犯非法持有毒品罪被判处有期徒刑一年三个月，并处罚金人民币三千元，2016 年 6 月 7 日刑满释放。

2021 年 10 月底起，被告人黄某彬劝说苏某万及未成年人黄某超、李某佳（均已另案判刑）帮其贩卖海洛因。黄某彬将海洛因统一存放在其租住处，有时由黄某彬联系好吸毒人员，再安排黄某超、李某佳、苏某万其中一人进行毒品交易；有时在黄某彬的授意下，由吸毒人员直接联系黄某超、李某佳、苏某万进行毒品交易，2021 年 12 月至 2022 年 1 月，贩卖海洛因 10 次共计 4.09 克。每次完成交易后，黄某超等 3 人根据黄某彬要求，将毒资放在黄某彬租住处或直接通过支付软件转账给黄某彬，黄某彬则给予黄某超等 3 人好处费。2022 年 1 月 9 日，公安机关在黄某彬租住处查获海洛因 3 小包共计 6.5 克。

二、裁判结果

本案经广西壮族自治区钦州市钦南区人民法院一审，钦州市中级人民法院二审。现已发生法律效力。

法院认为，被告人黄某彬违反国家毒品管理规定，明知是毒品仍伙同他人贩卖，其行为已构成贩卖毒品罪。黄某彬利用未成年人贩卖毒

品，社会影响恶劣，且系毒品再犯，应依法从重处罚。据此，依法对被告人黄某彬以贩卖毒品罪判处有期徒刑十二年六个月，并处罚金人民币四万元。

三、典型意义

未成年人心智不够成熟，社会阅历尚浅，法律意识不强，分辨是非能力较弱，容易被不法分子利用、教唆、控制参与毒品犯罪，沦为毒品犯罪的“工具人”，其身心健康亦受到严重侵害。本案是一起利用、教唆未成年人贩卖毒品的典型案例。被告人黄某彬指使未成年人黄某超、李某佳等交接毒品、收取毒资，将两名未成年人引入歧途。黄某彬系毒品再犯，主观恶性深，人身危险性大，应依法从重处罚。人民法院根据黄某彬犯罪的事实、性质、情节和对于社会的危害程度，依法对其从重惩处，突出了毒品犯罪的打击重点，亦体现了对未成年人的特殊保护。

案例四

陈某明非法提供麻醉药品案

——医务人员向滥用成瘾人员非法提供麻醉药品，被依法惩处

一、基本案情

被告人陈某明，男，1976 年 7 月 8 日出生，医务人员。

被告人陈某明系江苏省东海县某医院急诊科医生，具有开具麻醉药品处方的资格。2020 年 8 月至 2021 年 11 月，何某某因肾结石疼痛在多家医院治疗，其间陈某明多次为何某某开具盐酸吗啡注射液。后何某某因多次注射盐酸吗啡注射液等镇痛药物而对吗啡成瘾，于 2021 年 11 月

1日至12月11日到外地某医院戒毒。2022年3月26日，陈某明在明知何某某注射吗啡已成瘾，且冒用他人身份就诊的情况下，仍违反国家规定，继续给何某某开具盐酸吗啡注射液。截至2023年2月11日，陈某明通过给何某某开具处方，非法提供盐酸吗啡注射液共计200余支（每支10mg/ml）。

二、裁判结果

本案经江苏省东海县人民法院审理。现已发生法律效力。

法院认为，被告人陈某明作为依法从事使用国家管制的麻醉药品的医务人员，违反国家规定，明知何某某注射吗啡已成瘾，仍向何某某多次提供国家管制的能够使人形成瘾癖的麻醉药品，其行为已构成非法提供麻醉药品罪。陈某明自愿认罪认罚，可依法从宽处理。据此，依法对被告人陈某明判处有期徒刑十个月，并处罚金人民币一万元。

本案审结后，人民法院向被告人陈某明工作单位发送司法建议，针对麻精药品管理制度的执行、临床使用规范、患者身份核实等方面提出具体建议。接收单位高度重视，采取措施，组织开展自查自纠，着力从源头上遏制非法提供、滥用麻精药品等违法犯罪行为，防止麻精药品流入非法渠道。

三、典型意义

吗啡是我国实行特殊管理的药品，在医疗活动中可以用于缓解疼痛，但长期使用极易成瘾并产生心理和生理依赖，一旦流入非法市场，将严重危害人民群众的身体健康。本案是一起医务人员非法提供麻醉药品的典型案例。被告人陈某明作为具有开具麻醉药品处方资格的执业医师，在明知何某某注射吗啡已成瘾且冒用他人身份就诊的情况下，仍给何某某大量开具处方，非法提供盐酸吗啡注射液，以满足何某某瘾癖，其行为不仅违反了职业道德，更突破了法律底线，具有一定社会危害性，应依法惩处。

在对涉麻精药品犯罪从严惩处的同时，也应加强源头治理。人民法院践行能动司法，坚持以案促治，针对办案中发现的麻精药品在使用中存在的薄弱环节和漏洞，及时向有关单位发送司法建议，促进堵漏建制，防范风险隐患，取得良好效果。

案例五

陈某走私、贩卖毒品案

——多次走私咖啡因入境并利用网络大肆贩卖，
情节严重，被依法惩处

一、基本案情

被告人陈某，男，1981年11月7日出生，无业。

2021年9月至2022年2月，被告人陈某在明知咖啡因系国家管制的精神药品的情况下，从境外某网站购买咖啡因胶囊208瓶，通过国际物流公司伪报保健品名目清关发回国内，在某网络购物平台其经营的“大脑风暴”网店，将所购咖啡因胶囊加价贩卖给内蒙古、福建等地的买家约180余瓶，从中获利人民币18628.2元。2022年2月22日，公安机关将陈某抓获，并查扣咖啡因胶囊27瓶。

二、裁判结果

本案经福建省福州市鼓楼区人民法院一审，福州市中级人民法院二审。现已发生法律效力。

法院认为，被告人陈某违反毒品管理法规，明知咖啡因是国家管制的精神药品，为牟利多次从境外购买、寄递咖啡因胶囊，并利用网络媒介贩卖给多人，其行为已构成走私、贩卖毒品罪。陈某认罪态度较好，且案发后积极退缴全部违法所得，具有悔罪表现，可依法从轻处罚。据此，依法对被告人陈某判处有期徒刑三年，并处罚金人民币三千元。

三、典型意义

咖啡因是一种生物碱，是咖啡、茶、可乐等常见饮品中的主要成分，也是被普遍使用的精神药品，具有毒品、药品和食品三重属性。适量摄入咖啡因能起到缓解疲劳、兴奋神经的作用，其在临床上也用于治疗某些疾病，但其具有成瘾性，大剂量或长期服用会对人体造成损害，故我国将咖啡因列为第二类精神药品进行管制，如将其作为毒品滥用物质而加以走私、贩卖，则属于违法犯罪行为。本案是一起走私并通过网络贩卖咖啡因的典型案例。被告人陈某明知咖啡因系国家管制的精神药品，仍然从境外大量走私咖啡因胶囊，在网络上向不特定人员售卖，情节严重，应予惩处。本案提醒社会公众特别是青少年，要对咖啡因成瘾性提高警惕，正确区分咖啡因食品、药品、毒品的属性，防止滥用并对身体造成损害。

案例六

张某东贩卖毒品、容留他人吸毒案

——以未成年人为犯罪对象，被依法严惩

一、基本案情

被告人张某东，男，2004 年 6 月 25 日出生，无业。2023 年 1 月因吸食毒品被行政拘留十三日；同年 7 月 4 日因吸食毒品被行政拘留十三日，并处罚款人民币一千五百元，同月被责令社区戒毒三年。

2023 年 7 月 1 日凌晨，被告人张某东在吉林省松原市某中学附近，以每板 100 元的价格卖给吸毒人员林某某（男，17 岁，在校学生）复方曲马多 2 板共计 24 粒。同月 4 日凌晨和中午，张某东在松原市其家中和租房内，两次容留未成年人赵某某（女，15 岁，在校学生）吸食曲马多。

二、裁判结果

本案经吉林省前郭尔罗斯蒙古族自治县人民法院审理。现已发生法律效力。

法院认为，被告人张某东明知复方曲马多片已被国家规定为管制的精神药品仍予以贩卖，其行为已构成贩卖毒品罪；张某东容留未成年人吸食毒品，其行为已构成容留他人吸毒罪。张某东向未成年人出售毒品，应依法从重处罚。对张某东所犯数罪应依法并罚。据此，依法对被告人张某东以贩卖毒品罪判处有期徒刑七个月，并处罚金人民币五千元，以容留他人吸毒罪判处拘役四个月，并处罚金人民币三千元，决定执行有期徒刑七个月，并处罚金人民币八千元。

三、典型意义

曲马多复方制剂的主要成分为盐酸曲马多，这是一种中枢性镇痛药，滥用可导致成瘾。根据 2023 年 4 月 14 日国家药监局、公安部、国家卫生健康委发布的《关于调整麻醉药品和精神药品目录的公告》，曲马多复方制剂被列入第二类精神药品目录，该公告自 2023 年 7 月 1 日起施行。该举措旨在有效控制曲马多复方制剂从医疗渠道非法流入市场，促进安全规范使用。未成年人身心尚未发育成熟，吸食麻精药品会对其身体器官造成严重损害，且更易形成心理依赖，严重影响其健康成长。本案是一起向未成年人贩卖并容留未成年人吸食曲马多复方制剂的典型案例。被告人张某东明知复方曲马多片已被国家规定为管制精神药品而仍向未成年人贩卖，还容留未成年人吸食，严重危害未成年人的身心健康。人民法院根据张某东犯罪的事实、性质、情节和对于社会的危害程度，对其依法定罪处刑，传递了对于向未成年人出售毒品、容留未成年人吸食毒品犯罪从严惩处的裁判导向，体现了对未成年人的特殊保护。

案例七

陈某豪走私毒品案

——留学期间沾染大麻成瘾，归国后走私大麻电子烟入境，被依法惩处

一、基本案情

被告人陈某豪，男，1993 年 5 月 30 日出生，个体工商户。2021 年 9 月因吸食大麻被罚款人民币五百元；2024 年 1 月因吸食大麻被行政拘留十五日。

2014 年至 2015 年，被告人陈某豪在国外留学期间沾染大麻电子烟，回国后仍购买大麻电子烟吸食满足瘾癖，曾因此受到公安机关行政处罚。2023 年 9 月，陈某豪通过某社交软件与境外卖家商议，由对方将 12 支大麻电子烟藏匿在一个装有蛋白粉的罐子通过国际物流寄递走私入境，其通过支付软件向卖家支付毒资。同年 12 月 12 日，上述国际邮件到达江西省南昌市后，陈某豪为逃避海关监管，在向海关补充申报时伪报邮件内物品为蛋白粉保健品。2024 年 1 月 3 日，陈某豪签收该国

际邮件后被公安人员抓获，经鉴定，查获的12支电子烟中检出四氢大麻酚成分。

二、裁判结果

本案经南昌铁路运输中级法院审理。现已发生法律效力。

法院认为，被告人陈某豪违反毒品管理法规和海关法规，逃避海关监管，非法邮寄毒品入境，其行为已构成走私毒品罪，依法应予惩处。陈某豪自愿认罪认罚，依法可以从宽处理。据此，依法对被告人陈某豪以走私毒品罪判处拘役四个月，并处罚金人民币二千元。

三、典型意义

近年来，少数海外留学、务工人员在境外留学工作期间受当地亚文化影响，对吸食大麻的危害性产生误识，为寻求刺激沾染大麻甚至成瘾，回国后毒瘾难戒，相互抱团形成“大麻圈”并实施相关毒品犯罪。随着国际大麻管制等级降低，部分国家和地区对大麻管制不断解禁甚至合法化，海外留学、务工人员接触大麻的风险日益增加，需要引起足够警惕。本案是一起境外留学期间沾染毒品成瘾，归国后走私大麻电子烟入境供自己吸食的典型案例。被告人陈某豪在境外吸食大麻成瘾，归国后继续吸食，因吸食大麻电子烟两次被公安机关行政处罚，仍为不断满足其吸食瘾癖而通过“互联网+物流寄递+电子支付”方式继续从境外邮购大麻电子烟。陈某豪采用伪报品名、混杂包装等方式逃避海关监管，使用支付软件流转毒资，犯罪手段隐蔽。人民法院对陈某豪依法定罪处刑，体现了我国厉行禁毒的坚定立场和对毒品零容忍的鲜明态度。

案例八

王某走私、贩卖毒品、强奸、强制猥亵案

——走私、贩卖国家管制精神药品并利用精神药品迷奸、猥亵他人，被依法严惩

一、基本案情

被告人王某，男，1989年1月18日出生，某报社员工。

2019年9月，被告人王某在内蒙古自治区乌兰察布市向陈某贩卖三唑仑、咪达唑仑等。2021年3月至4月，王某介绍徐某（已另案判刑）通过网络，向李某育（已另案判刑）采取从境外邮寄的方式以1500元的价格购买三唑仑，以3000元的价格购买咪达唑仑针剂10支，重30.8克。2021年9月，王某在河南省新乡市以520元的价格向徐某贩卖三唑仑和咪达唑仑。

2018年至2019年，被告人王某先后多次使用三唑仑、咪达唑仑、七氟烷等药物将被害人岳某迷晕后，对岳某进行猥亵。2019年1月17日至2021年12月4日，王某分别伙同马某山、王某威等人（同案被告人，均已判刑）及张某淼、刘某洋等人（均已另案判刑）在内蒙古自治区呼和浩特市、乌兰察布市、包头市、河南省新乡市、浙江省绍兴市、北京市等地的小区住房、民宿及酒店房间内，将三唑仑秘密溶入被害人于某某、刘某某、杨某某、宗某某、苏某某、岳某等人饮用的饮料中骗使被害人服下。待被害人失去意识后，王某与共同作案人先后与被害人发生性关系，部分共同作案人还对部分被害人进行猥亵。其间，王某通过向体内注射咪达唑仑、使用带有七氟烷的纸巾捂口鼻的方式致被害人持续处于昏迷状态。事后，王某还向部分共同作案人收取迷药费用。

二、裁判结果

本案经河南省鹤壁市中级人民法院一审，河南省高级人民法院二审。现已发生法律效力。

法院认为，被告人王某明知三唑仑、咪达唑仑系国家管制的精神药品，仍多次单独贩卖或伙同他人走私、贩卖，其行为构成走私、贩卖毒品罪，且情节严重；王某伙同他人违背妇女意志，采取使用精神药品致被害人昏迷的方式，与被害人发生性关系，其行为构成强奸罪，且系轮奸，其中王某强奸妇女多人；王某违背妇女意志，采取使用精神药品致被害人昏迷的方式，单独或聚众猥亵被害人，其行为构成强制猥亵罪。对王某所犯数罪应依法并罚。人民法院根据被告人王某犯罪的事实、性质、情节和对于社会的危害程度，依法对王某以走私、贩卖毒品罪，判处有期徒刑四年，并处罚金人民币一万元；以强奸罪，判处无期徒刑，剥夺政治权利终身；以强制猥亵罪，判处有期徒刑七年，决定执行无期徒刑，剥夺政治权利终身，并处罚金人民币一万元。

三、典型意义

三唑仑是一种镇静安眠药物，属于国家管制一类精神药品，具有成瘾性，大剂量服用可使人失去意识，俗称“迷药”或“迷魂药”；咪达唑仑具有催眠、肌肉松弛等作用，原属于第二类精神药品，根据 2024 年 4 月 30 日国家药监局、公安部、国家卫生健康委发布的《关于调整精神药品目录的公告》，咪达唑仑调整为第一类精神药品。由于三唑仑和咪达唑仑的药理特性，一旦被滥用，导致的依赖和成瘾对人身体健康会产生严重危害，并且容易被犯罪分子利用实施其他恶性犯罪，严重危害社会治安。本案是一起走私、贩卖三唑仑、咪达唑仑并用于迷奸、猥亵女性的典型案例。被告人王某不仅走私、贩卖三唑仑、咪达唑仑，而且使用三唑仑、咪达唑仑作为犯罪工具，实施其他更为严重的性侵犯罪，严重侵害公民人身权利，破坏社会秩序，依法应数罪并罚。人民法院根据王某犯罪的事实、性质、情节和对于社会的危害程度，对其从严惩处，彰显了坚决打击此类犯罪的严正立场。同时，提醒广大公众在社交环境中要注重个人安全，谨慎交友，慎用他人提供的饮料和食物，提高对潜在危险的认知。

案例九

聂某文以危险方法危害公共安全案

——吸食含有依托咪酯等成分的电子烟意识模糊后驾车并导致发生交通事故，被依法严惩

一、基本案情

被告人聂某文，男，1995年7月17日出生，务工人员。

2023年7月19日16时许，被告人聂某文在家中吸食含有依托咪酯、曲马多成分的电子烟后，在其机动车驾驶证处于超分/注销状态的情况下仍驾驶小型汽车上路行驶，在湖南省醴陵市一交叉路口与另一车辆发生道路交通事故。交警到场处理后，聂某文驾车前往交通警察大队接受进一步处理，途中再次吸食该电子烟导致意识模糊，在无法认清道路的情况下，仍驾车继续行驶途经多段道路，其间发生多起交通事故，共造成一人轻伤、多台车辆及一处房屋受损。当日18时50分许，聂某文清醒后拨打110电话投案。经检测，聂某文的头发检材根部检出依托咪酯、曲马多成分。

二、裁判结果

本案经湖南省醴陵市人民法院审理。现已发生法律效力。

法院认为，被告人聂某文以驾车冲撞的方式危害公共安全，侵害不特定多数人的生命、健康及财产安全，其行为已构成以危险方法危害公共安全罪。案发后，聂某文主动投案，并如实供述自己的犯罪事实，系自首，依法可以从轻处罚。聂某文自愿认罪认罚，依法可以从宽处理。据此，依法对被告人聂某文判处有期徒刑四年六个月。

三、典型意义

依托咪酯电子烟伪装性、迷惑性大，与合成毒品相比，成瘾人群平均年龄更低，对大脑和神经系统的危害更大，吸食后会出现眩晕、视力模糊等症状，长期大量滥用会出现脾气暴躁等影响情绪、思维的精神障碍。2023 年 9 月，我国将依托咪酯列为第二类精神药品进行管制。本案系依托咪酯列管前被滥用引发次生犯罪的典型案例。被告人聂某文吸食含有依托咪酯等成分的电子烟后，无证驾驶小型汽车发生交通事故，在驾车前往交警大队接受进一步处理的途中，再次吸食该电子烟，导致意识模糊，继而接连发生多起交通事故。人民法院依法对聂某文以以危险方法危害公共安全罪定罪处刑，体现了对药物滥用引发的次生犯罪予以严惩的鲜明态度。本案还反映了含有成瘾性物质的电子烟对个人和社会的严重危害，警示社会公众自觉抵制各类成瘾性物质，严防侥幸心理。

案例十

于某涛、贾某文非法经营案

——向未成年人非法销售“笑气”，被依法惩处

一、基本案情

被告人于某涛，男，2000年5月12日出生，无业。

被告人贾某文，女，1994年2月15日出生，无业。2021年7月因吸食毒品被罚款人民币五百元。

2023年5月至8月，被告人于某涛、贾某文以牟利为目的，在未取得危险化学品经营许可证的情况下，以平均每罐150元的价格向包括8名未成年人在内的购买者非法销售一氧化二氮（俗称“笑气”），销售金额共计16万余元（含押金），其中于某涛获利约5.7万元，贾某文获利约3万元。案发后，公安人员从于某涛、贾某文处查获含一氧化二氮的钢瓶50罐。

二、裁判结果

本案经黑龙江省牡丹江市西安区人民法院审理。现已发生法律效力。

法院认为，被告人于某涛、贾某文未经许可经营危险化学品一氧化二氮，扰乱市场秩序，情节严重，其行为均已构成非法经营罪。在共同犯罪中，二被告人均系主犯，应当按照各自所参与的全部犯罪处罚。于某涛、贾某文到案后如实供述自己的罪行，自愿认罪认罚；贾某文还主动退缴全部违法所得，依法可从轻处罚。据此，依法对被告人于某涛判处有期徒刑一年四个月，并处罚金人民币六万元；对被告人贾某文判处

有期徒刑一年，并处罚金人民币三万五千元。

三、典型意义

一氧化二氮俗称“笑气”，是一种无色有甜味的气体，常用于医疗、食品加工等领域。2015 年，一氧化二氮被列入《危险化学品目录》。根据《危险化学品安全管理条例》，我国对危险化学品经营实行许可制度，未经许可任何单位和个人不得经营。“笑气”吸入人体后会令人头晕、窒息，严重时会危及生命。长期吸食“笑气”会让人在生理和心理上产生依赖，造成认知功能、记忆力甚至脑神经损害。可见，虽然“笑气”系非列管成瘾性物质，但其同样具有社会危害性。因“笑气”具有轻微麻醉作用，吸入时能让人产生一定的幻觉和愉悦，近年来，“笑气”被伪装成“吸气球”“奶油气弹”等，在青少年群体中加速渗透蔓延，逐渐成为不法分子新的牟利工具。部分未成年人在猎奇心理的驱使下，成为“笑气”滥用的主要受害者。本案是一起向未成年人非法销售“笑气”的典型案例。被告人于某涛、贾某文未取得危险化学品经营许可，将未成年人作为消费群体销售“笑气”，其行为既侵害未成年人身心健康，也扰乱市场经济秩序。人民法院对二被告人依法定罪处刑，体现了运用刑法手段惩治涉“笑气”等非列管物质犯罪行为的立场，亦有助于促推相关部门加大对“笑气”的监管力度，合力共治“笑气”滥用问题。同时，提醒青少年增强辨识能力和法治观念，避免因猎奇心理误入歧途。

最高人民检察院

关于印发惩治涉麻精药品等成瘾性物质滥用犯罪典型案例的通知

（2024 年 6 月 18 日）

各省、自治区、直辖市人民检察院，解放军军事检察院，新疆生产建设兵团人民检察院：

近年来，我国禁毒斗争形势呈整体向好趋势，但涉麻精药品等成瘾性物质滥用问题日渐突出，相关案件数量增长较快。一些不法分子将麻精药品等成瘾性物质作为传统毒品的替代物进行贩卖，迷惑性强，社会危害大，尤其严重危害青少年健康成长。个别医疗从业人员违反法律规定，导致麻精药品等成瘾性物质管理失控，流入非法渠道，应当依法从严惩治。为充分发挥典型案例示范、引领和指导作用，依法严厉打击涉麻精药品等成瘾性物质滥用犯罪，最高人民检察院组织选编了“闫某智走私、贩卖毒品、传授犯罪方法案”等 6 件典型案例，现印发你们，供办案时参考借鉴。

各级检察机关要深入学习贯彻党的二十大精神，认真落实《中共中央关于加强新时代检察机关法律监督工作的意见》，全面贯彻习近平总书记关于禁毒工作系列重要指示批示精神，充分发挥检察职能，依法严厉惩治涉麻精药品等成瘾性物质滥用犯罪，高质效办理每一起涉毒案件，多措并举推进禁毒综合治理，进一步教育引导社会公众特别是广大青少年牢固树立远离滥用麻精药品等成瘾性物质的意识，推动“健康人生、绿色无毒”的理念深入人心，为推进更高水平的健康中国、平安中国、法治中国建设贡献检察智慧和力量。

案例一

闫某智走私、贩卖毒品、传授犯罪方法案

【关键词】

走私、贩卖毒品　三唑仑　追诉漏罪　诉源治理

【基本案情】

2023年4月至6月，被告人闫某智明知三唑仑系列入国家管制的精神药品，仍通过寄递方式从境外3次购买三唑仑共计40粒，后以寄递方式8次出售给林某杰等4人共16粒，非法获利人民币2230元。2023年6月18日，被告人闫某智在收取快递时被当场抓获，公安民警从其签收的包裹中查获三唑仑疑似物20粒。经鉴定，上述疑似物均检测出三唑仑成分。

另查明，2023年5月至6月，被告人闫某智通过网络聊天软件，向周某等3人传授使用三唑仑实施迷奸等犯罪的方法。

【检察机关履职过程】

2024年1月9日，山西省长治市潞城区人民检察院以被告人闫某

智犯走私、贩卖毒品罪、传授犯罪方法罪依法提起公诉。2024 年 3 月 19 日，长治市潞城区人民法院以走私、贩卖毒品罪判处闫某智有期徒刑三年七个月，并处罚金人民币二万元；以传授犯罪方法罪判处闫某智有期徒刑六个月；数罪并罚决定执行有期徒刑三年九个月，并处罚金人民币二万元。闫某智未提出上诉，该判决已生效。

（一）提前介入引导侦查，夯实证据基础。该案系长治市第一起利用寄递方式实施的新型毒品犯罪案件，作案手段隐蔽。侦查机关立案后，检察机关主动介入侦查，引导侦查机关从扣押的闫某智相关物品提取其与上下线聊天记录、网络搜索记录等电子数据，证实闫某智在案发前曾多次搜索“三唑仑”“三唑仑属于毒品吗”“销售三级管控毒品怎么处罚”等内容。此外，闫某智在收取国际快递时虚构收货地址和收件人姓名，向他人出售三唑仑时均以“日医 0.25”“三轮”等代指三唑仑，对其用法及效果特别是可用于迷奸等非法用途描述清楚，且将三唑仑隐藏在废旧遥控器中逃避邮检。上述证据充分证实了闫某智主观上具有走私、贩卖毒品的故意。在大量证据面前，闫某智最终如实供述了其走私、贩卖毒品的犯罪事实，并自愿认罪认罚。

（二）全面客观审查证据，依法追诉遗漏犯罪事实。侦查机关以闫某智走私、贩卖毒品罪移送审查起诉后，检察机关在审查闫某智聊天记录等证据时，发现闫某智在向林某杰等 4 人宣传、出售三唑仑的过程中，还向周某等多人传授三唑仑可用于迷奸的犯罪方法。闫某智向不同对象分别实施了贩卖毒品和传授犯罪方法两种行为，既侵犯了国家对毒品的管理制度，又扰乱了社会公共秩序，应当以毒品犯罪和传授犯罪方法罪数罪并罚。检察机关依法及时追诉遗漏犯罪事实，以闫某智犯走私、贩卖毒品罪和传授犯罪方法罪向法院提起公诉。

（三）聚焦诉源治理，构筑防毒禁毒防线。闫某智多次使用假名寄递毒品，并虚报快递详单，快递公司未核实身份信息，未对交寄物品进行查验，“实名寄递、收寄验视、过机安检”等制度执行不到位。检察机关依法向邮政管理部门制发检察建议，督促监管部门压实主体责任，认真履职。邮政管理部门收到检察建议后督促企业及时整改。针对涉案人员为青少年，新型毒品瞄向年轻群体的问题，检察机关邀请了快递员及高校学生近百人旁听庭审，重点围绕新型毒品发案新特点、新样态进行禁毒法治宣传，增强青少年群体对新型毒品危害的认识，提高其自我保护能力。

（四）组织观摩庭审，提升履职能力。该起案件是新型毒品犯罪案件，为切实提高公诉人对该类案件的指控能力，长治市人民检察院组织两级检察机关办案人员对该案进行庭审观摩并开展评议活动。庭审评议环节，重点就文书制作、涉毒主观明知、贩卖毒品与传授犯罪方法是否系犯罪手段与犯罪目的牵连犯展开讨论，并就公诉人在庭审中如何应对提出了意见建议。通过庭审观摩，进一步提升办案人员惩治新型毒品犯罪的履职能力。

【典型意义】

三唑仑等国家管制的麻精药品，具有镇静催眠等作用，不法分子进行非法贩卖，利用其功效实施迷奸等违法犯罪活动，社会危害性大，检察机关应当依法严厉打击。针对涉麻精药品犯罪案件作案隐蔽性强、关键证据薄弱等问题，检察机关引导侦查机关加强客观性证据的收集，构建严密证据链条，确保指控证明犯罪有力。对于涉麻精药品犯罪案件引发的次生犯罪，向他人传授迷奸等犯罪方法，应当依法及时追诉。对办案发现的相关行业监管漏洞，通过制发检察建议，并有针对性开展禁毒宣传，筑牢防毒禁毒防线。通过组织庭审观摩活动，切实提升检察人员出庭公诉和指控犯罪能力。

案例二

刘某永贩卖毒品、容留他人吸毒案

【关键词】

贩卖毒品　依托咪酯　追诉漏犯　禁毒综合治理

【基本案情】

2023年10月，被告人刘某永多次非法贩卖含依托咪酯电子烟弹给杨某茵（未满18周岁）、韦某健和李某宇。2023年10月7日、8日，刘某永在其位于广东省高州市某镇公寓出租屋内分别容留杨某茵、杨某娟（均未满18周岁）吸食含依托咪酯电子烟。2023年10月9日，公安民警将刘某永抓获归案，扣押烟弹1个、电子烟枪7支。经鉴定，送检的烟弹含有依托咪酯成分。经尿液检测，刘某永、杨某茵等人检测结果均呈依托咪酯阳性。

【检察机关履职过程】

2024年1月4日，广东省高州市人民检察院以被告人刘某永犯贩卖毒品、容留他人吸毒罪依法提起公诉。2024年2月25日，高州市人民法院以贩卖毒品罪判处刘某永有期徒刑三年二个月，并处罚金人民币五千元；以容留他人吸毒罪判处刘某永有期徒刑八个月，并处罚金人民币五千元；数罪并罚决定执行有期徒刑三年六个月，并处罚金人民币一万元。刘某永未提出上诉，该判决已生效。

（一）积极引导侦查取证，完善证据体系。2023年10月1日起，国家有关部门将依托咪酯列入第二类精神药品目录，非法贩卖、持有、吸食等按涉毒违法犯罪处理。该案为依托咪酯列管后高州市司法机关办理的首批案件，检察机关依法提前介入侦查活动，依托侦查监督与协作配合办公室多次召开联席会议，共同分析研判，引导侦查机关及时对所查获的烟弹和刘某永等人的尿液进行鉴定、检测，确定刘某永贩卖及吸食的烟弹均含有依托咪酯成分。同时，结合提取的电子数据，重点围绕含依托咪酯电子烟的购销经过，全面收集相关聊天记录等客观性证据，完善证据体系。

（二）及时追诉漏犯，全链条打击涉麻精药品犯罪。侦查机关根据检察机关提出的意见，调取刘某永转账记录等证据，系统梳理该案含依托咪酯电子烟在贩卖、运输及终端吸食过程中涉及的人员情况，深挖购毒者李某宇从刘某永处购入含依托咪酯电子烟后，在位于高州市某地家中容留多人吸食含依托咪酯电子烟的行为，涉嫌容留他人吸毒罪。后检察机关依法对李某宇进行追诉，最终李某宇犯容留他人吸毒罪被判处有期徒刑十个月，并处罚金人民币三千元。

（三）开展未成年人涉毒问题专项排查，促进禁毒综合治理。该案涉及未成年人贩毒、吸毒，为充分履行对未成年人保护的法律监督职责，检察机关在办案过程中多次与公安、教育、市场监督管理等相关职能部门会商，形成工作合力。同时，加强对现有案件中犯罪线索的挖掘，督促公安机关在全市范围内对未成年人涉毒问题进行专项排查，对排查中发现的相关情况形成台账并予以跟踪回访。检察机关还深入推进法治进校园工作，开展校园禁毒教育专题讲座，加强青少年毒品预防教育，构建毒品犯罪预防教育全覆盖体系，筑牢抵御毒品犯罪坚实防线。

【典型意义】

依托咪酯具有很强的致幻性和成瘾性，且常常伪装在电子烟中，具有欺骗性和迷惑性，容易对青少年造成危害。对于涉依托咪酯等麻精药品犯罪，检察机关应当依法提前介入，引导侦查机关依法全面收集、固定证据，特别是督促侦查机关按照法定程序及时、完整提取电子数据，完善证据体系，夯实证据基础。防止就案办案，要深挖关联犯罪线索，确保全链条打击犯罪。注重推动有关部门开展未成年人涉毒问题专项排查，加强禁毒宣传，切实增强未成年人识毒、防毒、拒毒意识和能力，真正实现办理一案、治理一片的良好效果。

案例三

徐某贩卖毒品案

【关键词】

贩卖毒品　吗啡　大数据监督模型　诉源治理

【基本案情】

2022 年 9 月，吸毒人员陈某因患病到某医院治疗，结识了该院医师被告人徐某，后陈某向徐某提出非法购买盐酸吗啡注射液等麻精药品，徐某应允。2022 年 9 月至 2023 年 2 月，徐某为谋取非法利益，明知陈某系吸毒人员，仍先后 50 余次将盐酸吗啡注射液等麻精药品贩卖给陈某，违法所得共计人民币 5. 2 万余元。经鉴定，徐某贩卖的药品中含吗啡等成分。

【检察机关履职过程】

2023 年 6 月 14 日，贵州省六盘水市钟山区人民检察院以被告人徐某犯贩卖毒品罪依法提起公诉。2023 年 10 月 10 日，六盘水市钟山区人民法院以贩卖毒品罪判处徐某有期徒刑五年，并处罚金人民币三万元。

徐某未提出上诉，该判决已生效。

（一）提前介入，严把案件证据关、事实关。在该案侦查阶段，六盘水市钟山区人民检察院应侦查机关邀请指派办案团队提前介入，有针对性地提出引导侦查取证意见 20 余条。引导侦查机关查明涉案麻精药品的来源；调取有关医疗机构药品出入库及使用台账，逐一核对涉案的麻精药品产品批号；调取徐某个人档案信息、门诊记录、医师资格等证据；对扣押的麻精药品产品说明书进行全面解读并要求随案移送作为证据使用。针对该案在法律适用方面存在的争议，检察机关与侦查机关召开联席会议讨论，对案件定性、法律适用、证据标准形成共识。

（二）大数据赋能，靶向治理麻精药品涉毒问题。针对该案反映出的麻精药品脱管问题，六盘水市人民检察院会同市公安局等有关部门，制定平安凉都建设暨大数据赋能麻精药品监管乱象治理专项工作方案，各部门各司其职，收集汇总 2019 年以来麻精药品使用、流通、销毁等有关数据，依托各部门职责相互配合，形成管控合力。通过汇总、挖掘涉麻精药品犯罪等数据，六盘水市检察机关研发大数据法律监督模型，发现疑似非法提供麻精药品、贩卖毒品、药品滥用等问题线索 45 条，打击跨省寄递麻精药品涉毒犯罪 3 件 6 人。

（三）制发社会治理类检察建议，助推诉源治理。六盘水市检察机关对涉案医疗机构有关麻精药品监管问题进行调查核实，依法制发社会治理类检察建议，公开送达；并通过典型案例进行警示教育，推动该医疗机构组织医务人员培训 1925 人次，建立完善覆盖麻精药品管控 11 个环节的工作机制，引进麻精药品智能柜，实现药品入库、领用、返还全流程管理，并将执行情况纳入绩效考核，对 4 名存在违规问题的相关人员解除劳动合同，堵塞管理漏洞。

【典型意义】

检察机关办理涉麻精药品犯罪案件，要注重全面收集药品来源、渠道、产品说明书、电子数据等证据，查明贩卖麻精药品的目的、对象，交易次数、价格、方式等关键事实要素。对医疗从业人员涉麻精药品的案件，应当充分审查其开具麻精药品是否出于医疗目的，是否明知购买人出于滥用目的。积极延伸法律监督触角，探索运用大数据监督模型，追根溯源发现麻精药品流通、使用、销毁过程中的违法犯罪问题。通过制发检察建议等方式，督促健全完善麻精药品监管工作机制，预防麻精药品滥用，做好案件办理“后半篇”文章，实现从个案惩戒到类案治理的良好办案效果。

案例四

刘某庭非法提供麻醉药品案

【关键词】

非法提供麻醉药品　杜冷丁　医疗从业人员　诉源治理

【基本案情】

被告人刘某庭，系某医院急诊科主任。2019 年至 2022 年，被告人刘某庭在未亲自诊查患者、未建立相应病历的情况下，违反国家规定，利用麻精药品处方权多次向吸毒人员杨某洪开具麻醉药品盐酸哌替啶（杜冷丁）处方，或者将自己的麻精药品处方权账号、密码提供给杨某洪，任由其在医院电脑上开具杜冷丁处方，共计非法开具杜冷丁 2846 支。

【检察机关履职过程】

2023 年 2 月 17 日，湖南省怀化市洪江人民检察院以刘某庭犯非法提供麻醉药品罪依法提起公诉。2023 年 5 月 12 日，湖南省洪江人民法院以非法提供麻醉药品罪判处刘某庭有期徒刑三年，并处罚金人民币三万元。刘某庭不服，提出上诉。2023 年 6 月 27 日，湖南省怀化市中级人民法院裁定驳回上诉，维持原判。

（一）加强侦诉衔接，全面引导侦查取证。该案系湖南省怀化市首例涉麻醉药品失管涉嫌犯罪案件，案情疑难复杂且社会关注度高。洪江人民检察院依托侦查监督与协作配合办公室，成立专案组及时介入，积极引导侦查取证，会同侦查机关、卫生健康等部门召开联席会议，就涉案人员的行为性质等进行研究。围绕影响定罪量刑的关键事实，引导侦查机关全面收集固定证据。通过调取刘某庭任职情况以及获得麻精药品处方权的书证等，证实刘某庭符合非法提供麻醉药品罪的主体身份；通过询问被冒用的 120 余名病患、调取刘某庭与杨某洪之间联络及经济往来等证据，证实刘某庭主观上明知杨某洪系吸毒人员，在未实际牟利的情况下为其非法提供麻醉药品；通过调取涉案医院杜冷丁使用程序要求等书证、该医院 2019 年至案发期间杜冷丁使用情况、刘某庭开具麻醉药品的处方笺等证据，证实刘某庭违反规定向吸毒人员杨某洪提供麻醉药品。通过全面收集上述证据，为案件顺利办理打下坚实基础。

（二）紧扣案件焦点，精准认定犯罪性质。针对被告人及其辩护人提出的刘某庭主观不明知杨某洪系吸毒人员，其违反规定开具麻醉药品是行政违法行为而非犯罪行为的辩解及辩护意见，检察机关综合运用在案证据，结合刘某庭的从业经历、相关证人证言、违法开具杜冷丁的数量、次数明显异常等方面分析认定其具有主观明知，且全案证据已经形成完整的证据链条，能够得出唯一排他性结论。刘某庭明知杨某洪系吸毒人员，仍为其长期、大量提供杜冷丁，依法应当以非法提供麻醉药品罪追究其刑事责任。

（三）制发检察建议，助推麻精药品领域专项治理。怀化市洪江人民检察院针对该案暴露出的麻精药品管理缺位、医疗从业人员法治意识淡薄等问题，依法向涉案医院及区卫生健康部门制发检察建议，推动全区医疗机构开展麻精药品滥用问题深度治理。经报请上级检察机关同意，怀化市人民检察院向市卫生健康部门抄送该检察建议，推动在全市范围部署开展为期2个月的麻精药品专项整治行动，制定出台《怀化市医疗机构麻醉精神类药品管理长效工作机制》，实现从治罪向治理延伸，避免麻精药品失管滥用问题发生。

【典型意义】

医疗从业人员作为管理、使用国家管制的麻精药品的主体，具有接触、获取此类药品的便利条件，实施相关犯罪的手段隐蔽，社会危害大。检察机关办理此类案件时，通过提前介入引导侦查机关全面收集固定证据，注重收集证明医疗从业人员主观明知等方面的证据。对于被告人提出的其主观不明知对方系吸毒人员等辩解，应当结合其从业经历、专业认知等情况，强化证据综合分析运用，准确认定犯罪性质。针对办案中发现的麻精药品管理、使用漏洞，通过制发检察建议等方式推动专项治理工作，协同多部门全面加强监管，从源头上堵塞麻精药品失管滥用，切实保障人民群众健康安全。

案例五

吴某芬等人贩卖毒品案

【关键词】

贩卖毒品　曲马多　医药行业　检察建议

【基本案情】

2023 年 7 月至 9 月，被告人吴某芬、门某、石某玉在分别任某药店店长及营业员期间，明知曲马多复方制剂系国家管制的第二类精神药品，且该药店不具备第二类精神药品经营资质，在无医疗处方、未核实购药人身份信息的情况下，采用不在柜台摆放药品、拆除药品外包装、出具内容虚假的电子处方等方式，先后 13 次向吸毒人员销售氨酚曲马多片共计 50 盒。

【检察机关履职过程】

2024 年 3 月 27 日，黑龙江省哈尔滨市道里区人民检察院以被告人吴某芬、门某、石某玉犯贩卖毒品罪依法提起公诉。2024 年 4 月 11 日，哈尔滨市道里区人民法院以贩卖毒品罪判处吴某芬有期徒刑三年，并处罚金人民币二万元；以贩卖毒品罪分别判处门某、石某玉有期徒刑二年，缓刑二年，并处数额不等的罚金。被告人均未提出上诉，该判决已生效。

（一）结合从业经历及异常行为表现等，综合认定涉毒犯罪主观明知。该案三名被告人均有十年以上药店从业经历，具备相关专业知识，知道麻精药品管理规定及氨酚曲马多长期过量服用能够使人形成瘾癖。从被告人出售药品的行为表现上看，被告人将药品存于库中，不在柜台摆放展示，每次售药时均拆除药品外包装，将药片分散装入塑料袋中交付购买人，且在不核实购买人真实信息、病历的情况下向同一购买人频繁、超量售药，并存在出具虚假电子处方掩盖对外售药的行为。综上所述，检察机关结合被告人的从业经历、明显异常的销售行为表现，认定三名被告人对于氨酚曲马多出售对象系吸毒人员具有主观上的明知。

（二）聚焦涉麻精药品等新型毒品犯罪，准确把握行为性质。根据国家有关部门发布的公告，自 2023 年 7 月 1 日起，曲马多复方制剂被列入第二类精神药品目录。曲马多复方制剂既是处方药品，也是国家管制的第二类精神药品，经营此类药品必须经过许可，并审慎审查购买人身份及购买目的等，严格依法依规进行。该案三名被告人作为药店从业人员，未核实购买人身份及实际用途，明知购买人并非出于医疗等合法目的而是用于非法用途，仍多次违规销售氨酚曲马多片，其行为应当认定为贩卖毒品罪。

（三）发挥检察建议促进社会治理功能，助力行业规范发展。针对该案反映出麻精药品被非法贩卖，相关主管部门存在监管不到位问题，哈尔滨市道里区人民检察院依法向市场监管部门制发检察建议，督促其强化药品经营监管，全面排查整治麻精药品违规销售行为，同时加大法律宣传力度，扫除从业人员法律政策盲区，保证新法新规落实到位。市场监管部门采纳了检察建议，及时在辖区内开展全方位法律宣传，并与区禁毒委建立联合会商机制，通过信息共享掌握全区经营曲马多复方制剂的零售药店 70 家，并对已立案的 4 家药店依法作出罚款处罚。检察建议制发后，辖区内无类似案件发生，促进了相关行业健康发展。

【典型意义】

检察机关办理涉麻精药品犯罪案件，应当结合全案证据审查判断行为人的主观故意，重点结合行为人的专业背景、从业经历，交易方式、交易过程、交易频率及数量等因素综合认定毒品犯罪主观明知。检察机关应当结合麻精药品交易行为、目的用途、作用功效等因素，准确区分罪与非罪。对于出于非法用途贩卖麻精药品的行为，应当以贩卖毒品罪追究刑事责任。针对案件暴露出的行业监管漏洞，要注重源头预防和治理，通过向相关职能部门制发检察建议，督促强化监管责任，跟踪落实情况，建立长效化制度机制，推进麻精药品监管常态化、规范化，从源头上遏止违法犯罪发生。

案例六

刘某军等人贩卖毒品案

【关键词】

贩卖毒品　氨酚羟考酮　引导侦查取证　检察建议

【基本案情】

2023 年 5 月，被告人刘某军通过他人与被告人杨某军联系购买氨酚羟考酮，杨某军又通过他人与被告人梁某刚联系购买氨酚羟考酮。2023 年 5 月至 8 月，梁某刚使用癌症病人就诊卡在某医院套购氨酚羟考酮片 66 盒共计 396 片，并贩卖给杨某军。后杨某军将上述氨酚羟考酮片贩卖给刘某军。刘某军购得氨酚羟考酮片后，除部分用于自己吸食外，还多次向多名吸毒人员进行贩卖。

【检察机关履职过程】

2023 年 12 月 7 日，陕西省靖边县人民检察院以犯贩卖毒品罪对被告人刘某军、杨某军、梁某刚依法提起公诉。2024 年 4 月 12 日，靖边县人民法院以贩卖毒品罪判处刘某军有期徒刑三年六个月，并处罚金人民币一万元；以贩卖毒品罪分别判处杨某军、梁某刚有期徒刑一年六个月，并处罚金人民币五千元。被告人均未提出上诉，该判决已生效。

（一）依法提前介入，及时引导侦查取证。该案办理过程中，检察机关充分发挥侦查监督与协作配合办公室职能作用，通过派员提前介入、参与案件研讨，引导侦查机关及时规范提取和固定相关证据，以证明涉案人员非法贩卖精神药品的主观故意。同时，引导侦查机关对涉案人员之间的通信往来、转账记录等证据进行核查、收集、固定，进一步查清涉案精神药品数量以及获利情况，重点收集被告人在明知氨酚羟考酮并非用于合法用途的情况下，将国家管制的精神药品从医疗机构套出，并出售给吸贩毒人员的证据，为准确认定犯罪打下基础。

（二）综合运用证据，准确认定案件性质。针对被告人提出的其是“卖药”而非“贩毒”，不具有贩卖毒品主观故意的辩解，检察机关重点围绕被告人获取麻精药品的方式、交易过程、交易对象、交易价格等方面进行审查，认定被告人具有贩卖毒品的主观故意。被告人梁某刚系通过冒用其他患者的名义开具处方、购买取得麻精药品，后将麻精药品加价出售给杨某军，杨某军购得麻精药品后又加价出售给刘某军，刘某军将购得麻精药品贩卖给他人，造成麻精药品流转至吸毒人员手中并被吸毒人员作为毒品吸食、注射。三名被告人均没有经营国家管制的麻精药品的资格，且其贩卖麻精药品均未出于医疗等合法目的，而是用于非法用途，具有贩卖毒品的主观故意，客观行为亦符合贩卖毒品罪的构成要件，依法应当以贩卖毒品罪追究刑事责任。

（三）制发检察建议，推动涉麻精药品问题治理。针对该案办理中发现的医疗机构对麻精药品管理不规范等问题，靖边县人民检察院依法向卫生健康部门制发检察建议，建议加强对医疗机构及其从业人员执业行为监督，督促医疗机构严格落实麻精药品“五专”管理、医师处方管理等管理制度，鼓励有条件的医疗机构实现区域内处方信息联网，避免同一患者在多个医疗机构及同一医疗机构内部重复超量获取麻精药品。卫生健康部门收到检察建议后，及时开展专项整治，组织医疗卫生从业人员进行培训，对处方开具平台进行升级，完善了医疗处方信息共享系统，利用信息技术手段阻断一人多次重复超量购药行为，并向有关部门移送两名医务人员违规开具麻精药品违法违纪线索。

【典型意义】

检察机关在办理涉麻精药品犯罪案件过程中，应当注重引导侦查机关依法及时全面收集、固定证据，夯实证据体系。要重视对案件中的电子数据、通信记录等证据的收集和审查，结合被告人从业经历、药品来源、交易价格、交付方式等情况进行综合认定，准确把握案件定性。针对麻精药品作为毒品替代物滥用的问题，检察机关在依法严惩相关犯罪的同时，要强化诉源治理，通过制发检察建议等方式推动麻精药品管理专项治理，防止麻精药品滥用，切实推进禁毒综合治理。

法答网精选答问

法答网精选答问（第四批至第六批）（节录）

问题1：掩饰、隐瞒犯罪所得、犯罪所得收益次数应如何认定？

答疑意见：根据《最高人民法院关于审理掩饰、隐瞒犯罪所得、犯罪所得收益刑事案件适用法律若干问题的解释》第三条第一款第二项的规定，"掩饰、隐瞒犯罪所得及其产生的收益十次以上，或者三次以上且价值总额达到五万元以上的"，应当认定为刑法第三百一十二条第一款规定的"情节严重"，在三年以上七年以下有期徒刑的幅度内升档量刑。对于上述"十次以上""三次以上"的规定，在个案把握中，不宜简单以转账次数为标准，否则容易造成打击面过大、处罚过严的问题。

掩饰、隐瞒的次数要结合案件具体情况来认定。一般来说，认定为一次掩饰、隐瞒，必须是一个独立行为，包括独立的主观故意，独立的掩饰、隐瞒行为，以及独立的行为结果。如果基于同一个故意，在同一时间、同一地点，同时或者连续为多起上游犯罪掩饰、隐瞒犯罪所得及其收益的，一般应认定为一次掩饰、隐瞒的行为。例如，行为人明知银行卡内接收的多笔资金均系他人诈骗犯罪所得，在同一地点集中将卡内资金连续转出、分流，以逃避追查的，应当认定为一次掩饰、隐瞒犯罪所得的行为。

对同一个上游犯罪行为人同一起犯罪事实的犯罪所得及其收益分多

次予以窝藏、转移、收购、代为销售或者以其他方法掩饰、隐瞒的，基于犯罪对象的同一性，一般也应当认定为一次掩饰、隐瞒犯罪所得及其收益的行为。例如，行为人明知银行卡内接收的一笔资金系某一网络赌场的犯罪所得，仍按照上游开设赌场行为人的指令，将该笔资金在多个银行账号间来回转移并提现的，一般也应当认定为一次掩饰、隐瞒犯罪所得的行为。但是，如果行为人明知卡内还有诈骗团伙犯罪所得的赃款而予以转移的，掩饰、隐瞒犯罪所得的次数则应当与上述转移赌资的行为分别计算。

咨询人：韩继领/江苏省高级人民法院刑一庭

答疑专家：李振华/最高人民法院研究室刑事处

问题 2：偷越国（边）境罪是否为选择性罪名、具体适用时应当如何准确表述？

答疑意见：偷越国（边）境罪不是选择性罪名，具体适用时应完整表述，主要理由是：从内容上看，虽然刑法条文中未对国境、边境的含义进行具体解释，但陆地国界法对边境的含义作过具体规定。为维护法律的统一性，刑法亦应参照理解，即边境是指陆地国界内侧一定范围内的区域，而非仅指我国内地或大陆与港澳台地区的边界。从立法技术上看，刑法条文中对选择性罪名采用顿号分隔方式进行并列列举，如破坏界碑、界桩罪，走私、贩卖、运输、制造毒品罪等，而偷越国（边）境罪并未采用此种表述方式，也说明该罪并非选择性罪名。

咨询人：毛洁/最高人民法院刑五庭

答疑专家：王秋玲/最高人民法院刑五庭

问题 3：审理以压缩气体为动力的枪支犯罪案件，如何把握定罪量刑标准？

答疑意见：我国法律法规对“枪支”有明确的规定和鉴定标准。枪支管理法第四十六条规定：“本法所称枪支，是指以火药或者压缩气体等为动力，利用管状器具发射金属弹丸或者其他物质，足以致人伤亡或者丧失知觉的各种枪支。”2010 年《公安机关涉案枪支弹药性能鉴定工作规定》（公通字〔2010〕67 号）明确，对不能发射制式弹药的非制式枪支，“枪口比动能大于等于 1.8 焦耳/平方厘米时，一律认定为枪支”。《公安机关涉案枪支弹药鉴定工作规定》（公通字〔2019〕30 号）沿用上述标准。上述有关枪支的认定标准，对办理以压缩气体为动力的枪支犯罪案件，产生较大影响。特别是一些涉以压缩气体为动力且枪口比动能较低的枪支案件，涉案枪支的致伤力较低，在决定是否追究刑事责任以及裁量刑罚时唯枪支数量论，恐会有悖一般公众的认知，也会违背罪责刑相适应原则。有鉴于此，最高人民法院、最高人民检察院联合发布的《关于涉以压缩气体为动力的枪支、气枪铅弹刑事案件定罪量刑问题的批复》明确：“对于非法制造、买卖、运输、邮寄、储存、持有、私藏、走私以压缩气体为动力且枪口比动能较低的枪支的行为，在决定是否追究刑事责任以及如何裁量刑罚时，不仅应当考虑涉案枪支的数量，而且应当充分考虑涉案枪支的外观、材质、发射物、购买场所和渠道、价格、用途、致伤力大小、是否易于通过改制提升致伤力，以及行为人的主观认知、动机目的、一贯表现、违法所得、是否规避调查等情节，综合评估社会危害性，坚持主客观相统一，确保罪责刑相适应。”据此，办理涉以压缩气体为动力且枪口比动能较低的枪支案件，可以根据上述批复的规定，不受《最高人民法院关于审理非法制造、买卖、运输枪支、弹药、爆炸物等刑事案件具体应用法律若干问题的解释》（以下简称《解释》）定罪量刑标准的限制，综合考量犯罪的社会危害性，依法妥当处理。“刘某魁、孙某梅非法买卖枪支案”（案例库入库编号：2023-05-1-043-001）的裁判要旨也体现了这一规则。当然，对于虽属以压缩气体为动力的枪支，但枪口比动能较高的，仍然应当适用《解释》的定罪量刑标准。

咨询人：蒋佳芸/重庆市高级人民法院刑二庭

答疑专家：王庆刚/最高人民法院研究室刑事处

新类型疑难案例选评

林某祥使用虚假身份证件案

王 东 周蓉仙*

【裁判要旨】

伪造国家机关证件罪中的国家机关，是指各级国家权力机关、党政机关、监察机关、司法机关和军事机关，不包括事业单位。行为人伪造具有行政管理职能的事业单位证件的，不构成伪造国家机关证件罪。根据罪刑法定原则，该行为不构成犯罪。

【基本案情】

公诉机关：江苏省昆山市人民检察院。

被告人：林某祥。

被告人林某祥因交通违法犯罪被吊销驾驶资格证。2017 年 2 月底，被告人林某祥通过微信与昵称为“奎子”的人联系伪造证件，“奎子”为其伪造了署名为“张华平”的驾驶证和道路运输从业人员从业资格证，后被告人林某祥因对伪造的证件不满意而丢弃未用，“奎子”又为

* 作者单位：江苏省昆山市人民法院。

其伪造了署名为“李春明”的驾驶证和道路运输从业人员从业资格证。自2017年4月中旬起，被告人林某祥持该伪造的署名为“李春明”的驾驶证和道路运输从业人员从业资格证从事道路运输工作。2017年5月17日，被告人林某祥在驾驶货车时被交警执勤查获，并向交警出示了该伪造的驾驶证和道路运输从业人员从业资格证。被告人林某祥归案后如实供述了犯罪事实。

另查明，署名为“李春明”的道路运输从业人员从业资格证盖有“安徽省六安市道路运输管理局从业资格证专用章”钢印和印章，系伪造的证件。安徽省六安市道路运输管理局是事业单位法人，负有核发道路运输从业人员从业资格证的职责。

林某祥因犯交通肇事罪，于2015年11月4日被江苏省南京市江宁区人民法院判处有期徒刑九个月，缓刑一年；因犯危险驾驶罪，于2017年10月9日被江苏省常州市中级人民法院判处拘役二个月，缓刑四个月，并处罚金三千元。

【裁判结果】

江苏省昆山市人民法院经审理认为，被告人林某祥曾因犯交通肇事罪、危险驾驶罪两次被刑事处罚，又在依照国家规定应当提供身份证明的活动中，使用伪造的驾驶证，情节严重，其行为已构成使用虚假身份证件罪。被告人林某祥归案后如实供述犯罪事实，依法予以从轻处罚。公诉机关指控被告人林某祥犯使用虚假身份证件罪的事实清楚，证据确实、充分，指控罪名正确。关于公诉机关指控被告人林某祥犯伪造国家机关证件罪问题。刑法第二百八十条第一款规定，伪造国家机关证件罪是伪造国家机关制作颁发的用以证明身份、权利义务关系或者有关事实的凭证的行为，该罪的犯罪对象是国家机关证件。本案中，被告人林某祥伪造的是应由安徽省六安市道路运输管理局核发的道路运输从业人员从业资格证，而安徽省六安市道路运输管理局系事业单位法人，不是国家机关，其核发的道路运输从业人员从业资格证不属于国家机关证件，故被告人林某祥的行为不符合伪造国家机关证件罪的构成要件。且根据罪刑法定原则，被告人林某祥的该行为不构成犯罪。公诉机关的该项指控不能成立。

依照刑法第二百八十条之一第一款、第六十七条第三款、第七十二条第一款和第三款、第七十三条第一款和第三款、第五十二条、第五十三条、第六十四条之规定，判决：被告人林某祥犯使用虚假身份证件罪，判处拘役一个月，缓刑二个月，并处罚金人民币一千元；公安机关扣押的涉案的机动车驾驶证、道路运输从业人员从业资格证，予以没收。

一审宣判后，被告人林某祥未提起上诉，检察机关亦未抗诉，一审判决已发生法律效力。

[评析]

伪造具有行政管理职能的事业单位证件不构成犯罪

随着行政管理专业性、技术性的日益加强，授权非行政机关行使公共事务管理职能的情况，在现代社会中非常普遍。目前，我国存在一些法律、法规授权从事公共事务管理职能活动的事业单位，从其履行职能的性质看，其实际上行使的就是行政管理权，但使用的是事业编制和事业经费。这些事业单位在履职过程中颁发的用以证明身份、权利义务关系或者有关事实的证件能否视为国家机关证件，是理论界和实务界经常争论的问题。本案的争议焦点即伪造具有行政管理职能的事业单位颁发的证件是否构成伪造国家机关证件罪。对此，司法实践中存在两种不同意见。

第一种意见认为，被告人的行为构成伪造国家机关证件罪。事业单位根据授权可以从事一定的行政管理活动，根据行政法原理，其作为行政主体代为行使行政职权时，只能以委托机关的名义进行，行使职权的一切行为后果均归属委托机关。因此，事业单位在法律、法规授权范围内行使行政管理职权所制作、颁发的证件应认定为国家机关证件。本案中，安徽省六安市道路运输管理局虽为事业单位，但其在法律、法规授权范围内行使行政管理职权所核发的道路运输从业人员从业资格证，属于国家机关证件。故被告人的行为构成伪造国家机关证件罪。

第二种意见认为，被告人不构成犯罪。证件的性质是由证件制作、签发机关的性质决定的。根据宪法关于国家机构的规定，国家机关是指各级国家权力机关、党政机关、军事机关、监察机关和司法机关，但不包括事业单位。作为宪法的下位法，刑法规定的国家机关不应超出上述国家机关的范围。在刑法无明文规定的情况下，将事业单位解释为国家机关，超出了国家机关用语可能具有的含义，系类推解释，有违罪刑法定原则。本案中，安徽省六安市道路运输管理局为事业单位，其核发的道路运输从业人员从业资格证不属于国家机关证件，故被告人的行为不构成伪造国家机关证件罪。根据罪刑法定原则，此种行为不应构成犯罪。

笔者同意第二种意见，主要理由有以下几方面。

一、刑法中的国家机关，是指各级国家权力机关、党政机关、监察机关、司法机关和军事机关，不包括事业单位

国家机构是全部国家机关的总称。根据宪法第三章有关国家机构的规定，国家机关包括全国人民代表大会及其常务委员会、国务院及其所属的部委、审计机关、直属机构和办事机构、中央军事委员会、地方各级人民代表大会及其常务委员会、地方各级人民政府及其所属各工作部门、监察委员会、人民法院和人民检察院。根据我国实际情况，中国共产党的各级机关、中国人民政治协商会议的各级机关也在国家机关范畴

内。简言之，国家机关，仅指各级国家权力机关、党政机关、监察机关、司法机关和军事机关。行为人伪造上述机关及其专门机构、内部机构、职能部门的派出机构颁发的证件的，均构成伪造国家机关证件罪。

此外，宪法第五条规定，一切国家机关和武装力量、各政党和各社会团体、各企业事业组织都必须遵守宪法和法律。2004年修订的《事业单位登记管理暂行条例》第二条第一款规定："本条例所称事业单位，是指国家为了社会公益目的，由国家机关举办或者其他组织利用国有资产举办的，从事教育、科技、文化、卫生等活动的社会服务组织。"从上述规定看，事业单位不等同于国家机关，二者不存在包含或交叉关系，而是相互独立、并列的组织，具有各自不同的法律地位和职能。虽然根据行政法原理及实践情况，事业单位可以被授权从事一定的行政职能活动，但是事业单位作为行政主体代为行使行政职权时，并不改变其非国家机关的性质，其在行使被授权的行政职权范围内制作、颁发、核发的证件不应被视为国家机关证件。

二、从法律沿革看，伪造事业单位证件不构成犯罪

1979年刑法第一百六十七条规定："伪造、变造或者盗窃、抢夺、毁灭国家机关、企业、事业单位、人民团体的公文、证件、印章的，处三年以下有期徒刑、拘役、管制或者剥夺政治权利；情节严重的，处三年以上十年以下有期徒刑。"根据该规定，伪造或者盗窃事业单位证件的，构成伪造、盗窃事业单位证件罪。但是，1997年及以后的刑法对此罪作了修改，第二百八十条第一款、第二款规定："伪造、变造、买卖或者盗窃、抢夺、毁灭国家机关的公文、证件、印章的，处三年以下有期徒刑、拘役、管制或者剥夺政治权利，并处罚金；情节严重的，处三年以上十年以下有期徒刑，并处罚金。伪造公司、企业、事业单位、人民团体的印章的，处三年以下有期徒刑、拘役、管制或者剥夺政治权利，并处罚金。"可见，修订后的刑法将伪造证件犯罪的侵害对象仅限

定为国家机关的证件，这一限定将伪造企业、事业单位、人民团体的证件排除在犯罪之外。换言之，对于伪造事业单位证件的行为，根据1979年刑法构成犯罪，但是根据1997年及现行刑法不再构成犯罪。

另外，刑法第二百八十条第一款、第二款规定的逻辑关系来看，现行刑法对国家机关和事业单位进行了明确区分，并对两者的公文、证件、印章采取不同的保护模式。对于国家机关的公文、证件和印章，只要实施了伪造、变造、买卖或者抢夺、毁灭行为之一，即构成犯罪。对于事业单位公文、证件和印章，刑法只惩处伪造事业单位印章的行为，而对侵害事业单位公文、证件的行为均不再以犯罪论处。1979年刑法及以后的和1997年刑法的不同措辞，也体现了刑法保护法益的改变以及立法对侵害事业单位公文、证件入刑的谨慎态度。

三、将事业单位证件视为国家机关证件，属于不利于被告人的类推解释，有违刑法的罪刑法定原则

刑法第三条规定："法律明文规定为犯罪行为的，依照法律定罪处刑；法律没有明文规定为犯罪行为的，不得定罪处刑。"实际上，法律明文规定也是以文字书写而成，在具体的适用中，为了确定文字的意义，将文字嵌入事实之中，需要对法律条文进行解释。所有的刑法解释都要从法条的文理开始，而且不能超出刑法用语可能具有的含义，凡是超出刑法用语可能具有的含义的解释，都是违反罪刑法定原则的解释（有利于被告人的类推解释除外），即使符合刑法条文的目的，也不能被采纳。用语可能具有的含义，是指一般语言用法，或者立法者标准的语言用法。罪刑法定原则不反对扩大解释，但禁止类推解释，即需要判断的具体事实与法律规定的构成要件基本相似时，将后者的法律效果适用于前者。

宪法是我国的根本法，具有最高的法律效力，也是刑法的立法根据。国家机关作为宪法中明确规定的概念，根据立法者的标准语言用

法，其具有特定的外延，即国家权力机关、党政机关、国家主席、军事机关、监察机关和司法机关。作为宪法的下位法，刑法中规定的国家机关不应超出上述国家机关的范围。虽然在贪污受贿犯罪、渎职犯罪案件中，在依照法律、法规规定行使国家行政管理职权的事业单位中从事公务的人员，以国家工作人员论或者视为国家机关工作人员，但其系刑法及立法解释的明确规定、特殊规定，不能以此类推事业单位属于国家机关。事实上，事业单位是国家机关或者其他组织举办的社会组织，其设立目的、设立主体和性质职能明显有别于国家机关，将其解释为国家机关明显超出了国家机关用语可能具有的含义，超出国民的预测范围，为罪刑法定原则所禁止。

综上所述，本案中，安徽省六安市道路运输管理局虽然根据法律、法规授权具有行政管理职能，但仍系事业单位法人，而非国家机关。在法律没有将事业单位明确规定或者拟制为国家机关的情况下，应当严格遵循罪刑法定原则，不能将其核发的证件认定为国家机关证件。故涉案的道路运输从业人员从业资格证不属于国家机关证件，被告人的行为不构成伪造国家机关证件罪。根据罪刑法定原则，此类行为不属于犯罪。

最新法律文件解读丛书

稿　约

最新法律文件解读丛书是一套以为最新法律规范提供同步“解读”为主的系列丛书，分为刑事、民事、商事、行政与执行4个分册，按月出版。

本丛书以“解读”为重点，突出全、专、新、快、准等特点，通过对最新出台的法律、法规、司法解释、部门规章以及重要地方性法规进行同步动态解读，弥补了法律、法规、司法解释汇编类出版物没有同步阐释、解读内容的不足，为广大读者学习理解最新法律规范，正确贯彻执行法律文件，及时解决实践中的新情况、新问题，提供一个全方位、多层面的法律信息平台。

欢迎您向以下栏目赐稿：

【最新法律文件解读】主要是对最新颁行的法律文件进行解读，帮助司法和执法人员正确理解法律文件的立法背景、意义、重点内容、在适用中应注意的问题、与相关法律文件的衔接与互动关系等。

【司法实务问题研究】主要刊登对司法理论、实务及司法管理工作中的热点、疑难问题进行研究及评论的文章。

【新类型疑难案例选评】主要是对司法和行政执法实践中具有典型性和代表性的疑难案例，结合具体案情以及审理或处理结果进行简练精辟的点评，解析认识问题的方法、处理问题的法律依据和在个案中的具体适用。

【法学前沿与新视点】以摘要的形式刊登相关法学理论研究的最新动态及具有代表性和典型性的前沿问题，扩展法学研究的深度和广度。

【法律适用问题解答】主要针对司法和行政执法实践中面临的新问题、热点问题、疑难问题进行简要的解答，指出涉及的法律关系，明确法律适用依据。

稿件一经刊用即付稿酬，稿酬从优。

《刑事法律文件解读》　杨晓燕　邮箱：5184621@qq.com

《民事法律文件解读》　杨　洁　邮箱：1216921515@qq.com

《商事法律文件解读》　路建华　邮箱：shangshijiedu@126.com

《行政与执行法律文件解读》　丁寒峨　邮箱：1290312696@qq.com

人民法院出版社

最新法律文件解读丛书编辑部

人民法院出版社 2024 年连续出版物

中国审判指导丛书

1.《刑事审判参考》

最高人民法院刑事审判第一庭、第二庭、第三庭、第四庭、第五庭共同主办。全年 6 辑,每辑 68.00 元,共 408.00 元。

2.《民事审判指导与参考》

最高人民法院民事审判第一庭编。全年 4 辑,每辑 68.00 元,共 272.00 元。

3.《商事审判指导》

最高人民法院民事审判第二庭编。全年 2 辑,每辑 68.00 元,共 136.00 元。

4.《立案工作指导》

最高人民法院立案庭编。全年 2 辑,每辑 68.00 元,共 136.00 元。

5.《审判监督指导》

最高人民法院审判监督庭编。全年 2 辑,每辑 68.00 元,共 136.00 元。

6.《知识产权审判指导》

最高人民法院民事审判第三庭编。全年 2 辑,每辑 68.00 元,共 136.00 元。

7.《涉外商事海事审判指导》

最高人民法院民事审判第四庭编。全年 2 辑,每辑 68.00 元,共 136.00 元。

8.《中国少年司法》

最高人民法院少年法庭指导小组编。全年 4 辑,每辑 68.00 元,共 272.00 元。

9.《执行工作指导》

最高人民法院执行局编。全年 4 辑,每辑 68.00 元,共 272.00 元。

10.《国家赔偿与司法救助办案指导》

最高人民法院赔偿委员会办公室编。全年 2 辑,每辑 68.00 元,共 136.00 元。

最新法律文件解读丛书

《刑事法律文件解读》《民事法律文件解读》《商事法律文件解读》《行政与执行法律文件解读》

人民法院出版社编。全年 12 辑,每辑 28.00 元,共 336.00 元。

判解研究系列

1.《判解研究》

中国人民大学民商事法律科学研究中心主办,著名民法学家王利明教授主编,CSSCI 来源集刊。全年 4 辑,每辑 68.00 元,共 272.00 元。

2.《刑事法判解》

北京大学法治与发展研究院刑事法治研究中心主办,著名刑法学家陈兴良教授主编,车浩教授任执行主编。全年 2 辑,每辑 68.00 元,共 136.00 元。

3.《刑事法判解研究》

北京师范大学刑事法律科学研究院编。全年 2 辑,每辑 68.00 元,共 136.00 元。

司法从业人员案头必备权威工具书

1.《司法文件选》

最高人民法院研究室编。全年 12 辑,每辑定价 8.00 元,共 96.00 元。

2.《司法文件选解读》

最高人民法院研究室编。全年 12 辑,每辑定价 10.00 元,共 120.00 元。

3.《司法文件选(2023 年合订本)》

最高人民法院研究室编。本书定价 82.00 元。

4.《司法文件选解读(2023 年精选集)》

最高人民法院研究室编。本书定价 86.00 元。

银行汇款方式:

开户银行:工行北京国家文化与金融合作示范区金街支行

账号:0200000709004606170

开户名称:人民法院出版社有限公司

传真:010-67550541

上述图书,邮购请加 15% 邮费。

邮局汇款方式:

邮编:100745

地址:北京市东城区东交民巷 27 号

联系人:人民法院出版社有限公司

咨询电话:010-67550595　67550536